ÉMILE LEVASSEUR

Membre de l'Institut,
Vice-Président de la Société d'Économie politique,

RÉSUMÉ HISTORIQUE

DE L'ENSEIGNEMENT DE L'ÉCONOMIE POLITIQUE

ET DE LA

Statistique en France

DE 1882 A 1892

Communication faite à la Société d'Économie politique
lors du cinquantenaire de sa fondation le 5 novembre 1892.

(Présidence de M. FRÉD. PASSY, membre de l'Institut.)

PARIS

LIBRAIRIE GUILLAUMIN ET Cⁱᵉ

Éditeurs de la Collection des principaux Économistes, du Journal des Économistes
Du Dictionnaire de l'Économie Politique,
Du Dictionnaire universel du Commerce et de la Navigation, etc.
RUE RICHELIEU, 14.

1893

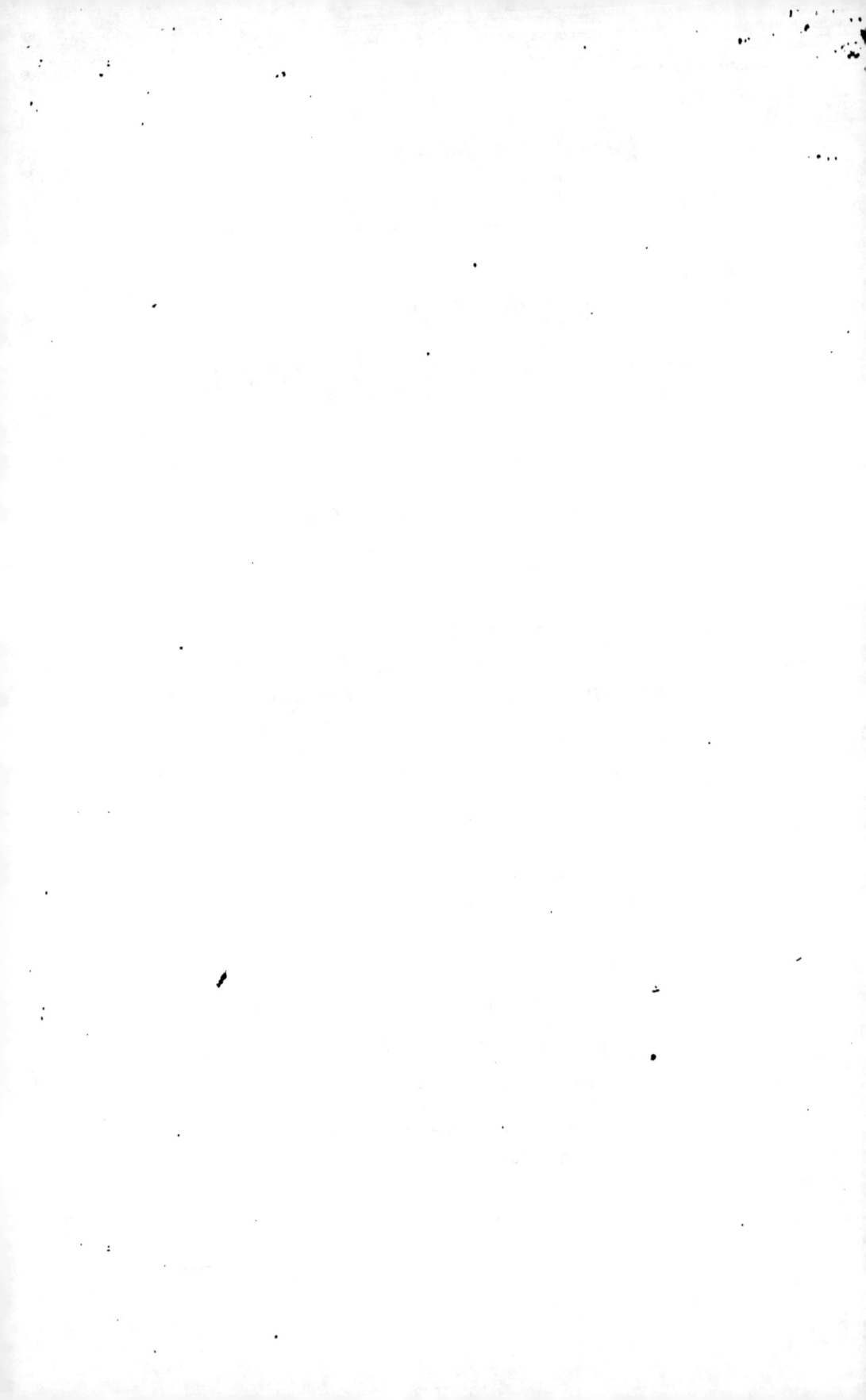

ÉMILE LEVASSEUR

Membre de l'Institut,
Vice-Président de la Société d'Économie politique.

RÉSUMÉ HISTORIQUE

DE L'ENSEIGNEMENT DE L'ÉCONOMIE POLITIQUE

ET DE LA

Statistique en France

DE 1882 A 1892

Communication faite à la Société d'Économie politique
lors du cinquantenaire de sa fondation le 5 novembre 1892.

(Présidence de M. Fréd. Passy, membre de l'Institut.)

—·—·-·-·-·{·[]·}·-·-·-·—

PARIS

LIBRAIRIE GUILLAUMIN ET Cᴵᵉ

Éditeurs de la Collection des principaux Économistes, du Journal des Économistes
Du Dictionnaire de l'Économie Politique,
Du Dictionnaire universel du Commerce et de la Navigation, etc.

Rue Richelieu, 14.

—

1893

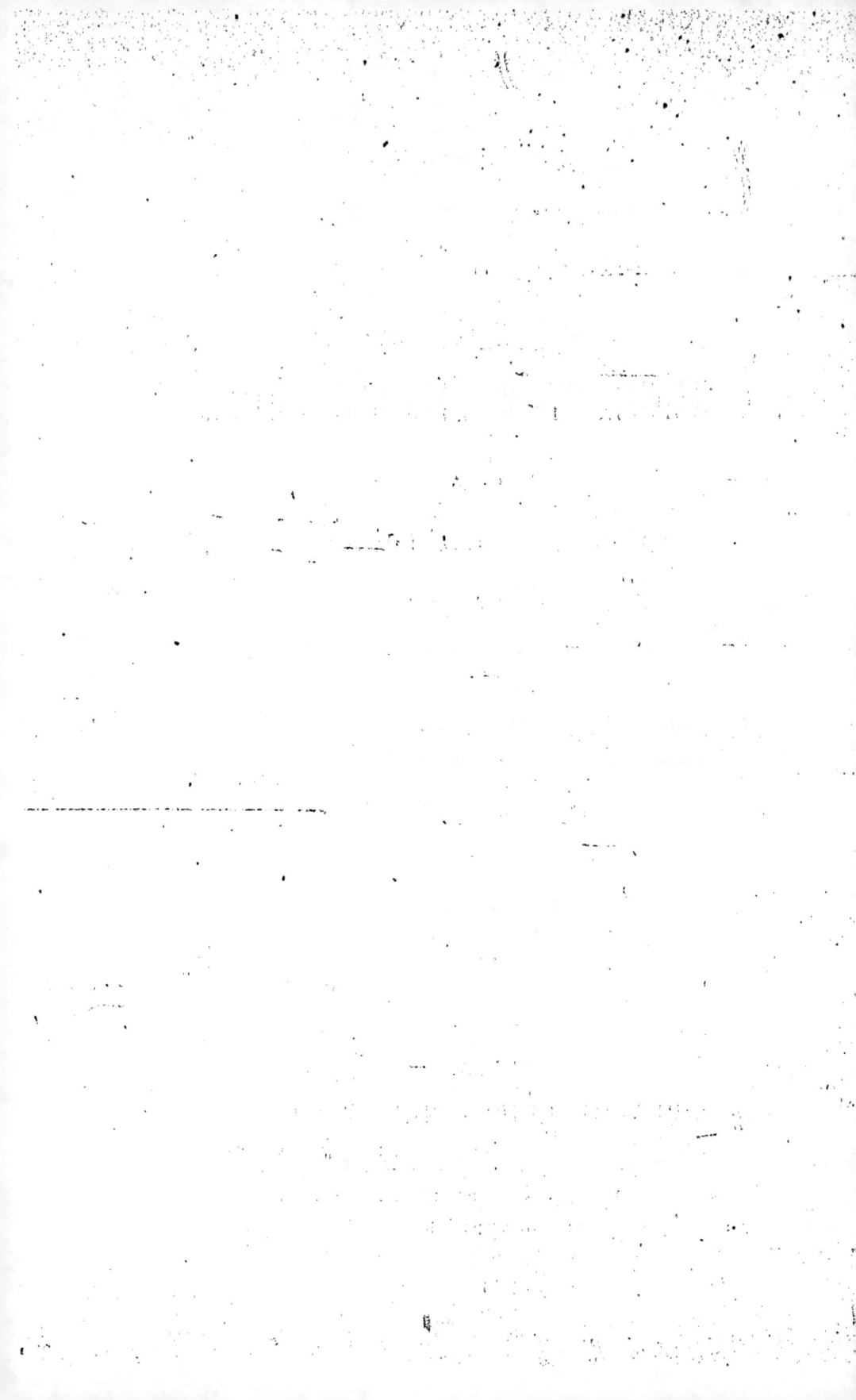

RÉSUMÉ HISTORIQUE
DE L'ENSEIGNEMENT DE L'ÉCONOMIE POLITIQUE

ET DE LA

STATISTIQUE EN FRANCE

DE 1882 A 1892

En 1882, sur la demande du bureau de la Société, j'ai présenté un résumé historique de l'enseignement de l'économie politique, à l'occasion du 40° anniversaire de la Société. A l'occasion du 50° anniversaire et sur la demande du bureau, je présente aujourd'hui la suite de ce travail, c'est-à-dire le résumé de l'enseignement de l'économie politique et de la statistique de 1882 à 1892.

Je suivrai, dans ce travail, le même ordre que dans le précédent, traitant successivement de l'enseignement supérieur, de l'enseignement secondaire et de l'enseignement primaire.

CONSERVATOIRE DES ARTS ET MÉTIERS.

En 1882, les sciences économiques et sociales étaient enseignées au Conservatoire des arts et métiers dans trois chaires : celle d'économie politique et législation industrielle, celle d'économie industrielle et statistique, enfin celle de droit commercial.

Celle d'*économie politique et législation industrielle* qui, datant de 1819 (chaire de J.-B. Say, créée sous le titre de cours d'économie industrielle), est la plus ancienne de celles qui existent aujourd'hui en France, avait, en 1882, pour professeur M. E. LEVASSEUR qui l'occupe encore. Le cours comprend chaque année 40 à 44 leçons ; il dure en tout cinq années qui sont consacrées successivement à la production, à la répartition, à la circulation, à la consommation des richesses, à la législation industrielle et commerciale, soit en tout environ 250 leçons pour l'exposition complète des matières de l'enseignement. Le professeur, lorsqu'il revient sur les mêmes sujets après une révolution de cinq ans, ne s'astreint pas à les reprendre sous la même forme ; il s'inspire des circonstances et, sachant qu'il s'adresse à des auditeurs dont la plupart vivent dans les ateliers ou sont engagés d'une manière quelconque dans le mouvement économique, il s'efforce d'emprunter ses exemples à la vie réelle, et de diriger ses démonstrations dans

le sens des besoins actuels de la société. Chaque année il s'applique
à présenter la partie de la science économique qu'il expose de
manière à donner à son auditoire, en même temps qu'une notion
claire et précise des matières spéciales qu'il traite, le sens économique, c'est-à-dire à faire entrer dans leur cerveau quelques-uns
des principes fondamentaux sur lesquels s'appuie la science économique tout entière et qui, une fois bien établis dans leur esprit,
leur faciliteront plus tard, s'il y a lieu, l'étude ou du moins l'intelligence d'une question économique quelconque. En 1891-1892, le
professeur a traité de la législation, dernière partie du cycle quin-
quennal (1). En 1892-1893, il traite de la production (2).

(1) Voici le programme détaillé du cours de législation de l'année de 1891-
1892. — I. 1. Les périodes et les principes de la législation économique en
France ; la question ouvrière à la fin du XIXᵉ siècle. — 2. L'entrepreneur,
liberté des personnes et liberté du travail ; la capacité et l'incapacité légales.
— 3-4. Les personnes morales et les sociétés commerciales. — 5. Les
sociétés à capital variable et la coopération. — 6. Progrès de l'association
commerciale sous ses diverses formes. — 7. Visées de l'association et plans
d'avenir ; le socialisme. — II. 8. Le contrat d'apprentissage et la condition
actuelle de l'apprentissage en France. — 9. Les écoles d'apprentissage. —
10. Le travail des enfants et des femmes dans les manufactures. — 11. Le
contrat de louage et le salariat. — 12. La question des heures de travail.
— 13. Le livret ; son histoire. — 14. Les lois sur les coalitions. — 15. Les
syndicats professionnels. — 16. La responsabilité des patrons et des
ouvriers ; l'assurance obligatoire ou facultative. — 17. Les caisses de retraite
et les sociétés de secours mutuels. — 18. La participation aux bénéfices.
— 19. La législation des caisses d'épargne. — 20. La législation et les résultats des sociétés coopératives de consommation, de crédit et de protection.
— 21. Le patronage et les tendances du socialisme. — III. 22. La propriété
avant et depuis 1789. — 23. L'expropriation. — 24. La propriété industrielle
et le brevet d'invention. — 25. Les dessins et marques de fabrique. —
26. Les propriétés réglementées. — 27. Les monopoles. — 28. Les mines.
— IV. 29. La vente et le transport. — 30. Le paiement. — 31-32. La lettre
de change et les autres effets de commerce. — 33. Les conseils de prud'-
hommes. — 34. Les tribunaux de commerce. — 35. L'arbitrage facultatif
ou obligatoire. — 36-37-38. Les lois douanières. — Histoire et influence
des tarifs. — 39. La marine marchande. — 40. Les consulats. — 41. Les patentes.
— 42. Les faillites. — 43. L'assurance des biens.
(2) Voici la liste des publications relatives à l'économie politique ou à la
statistique faites par M. Levasseur depuis 1882. Cette liste est extraite de
la notice bibliographique des membres de l'Académie des sciences morales
et politiques que l'Académie a mise sous presse ; nous conservons les
numéros de cette notice en retranchant ceux qui ne se rapportent pas à
l'économie politique ou à la statistique.
66. *Géographie et statistique.* Tableaux de statistique relatifs: 1º à la Terre,
2º à l'Afrique, à l'Asie, à l'Océanie et à l'Amérique, 3º à la France, 4º à Paris,
dans l'*Annuaire du bureau des longitudes*, depuis l'année 1878. — 67. *Résumé*

En 1882, le cours d'*économie industrielle et statistique* était professé par M. A. DE FOVILLE, membre de la Société d'économie poli-

historique de l'enseignement de l'économie politique et de la statistique en France. 1883. Brochure in-8°, 63 pages. (Extrait du *Journal des Économistes*). — 68. *Notions d'économie politique*, par E. Levasseur (faisant partie du *Cours d'instruction civique*, cours élémentaire et moyen de l'enseignement primaire, rédigé par MM. Mabilleau, Levasseur et Delacourtie, 1 vol. in-12. 1re édition en 1883. — 4e édition en 1892. — 70. *De l'importance de la géographie physique pour l'étude des forces productives des nations.* 1884. Brochure in-8°, 11 pages. (Extrait de la *Revue de géographie*). — 71. *La statistique officielle en France*, 1885. Brochure in-8°, 63 pages. (Extrait du *Journal de la Société de statistique*). — 72. *Les progrès de la race européenne au XIXe siècle par la colonisation*, 1885. Brochure in-8°, 33 pages. (Extrait du *Bulletin de la Société d'acclimatation*). — 73. *La statistique graphique*, 1885. Brochure in-8°, 34 pages avec cartes. (Extrait du *Jubilee volume of the Statistical Society*). — 74. *Rapport sur la statistique de l'enseignement primaire* (1886-1887) *présenté par la Commission de statistique de l'enseignement primaire à M. le Ministre de l'instruction publique et des beaux-arts.* Brochure in-4°, 148 pages. (Extrait du quatrième volume de la *Statistique de l'enseignement primaire*). — 75. *Commerce de la France avec ses colonies*, 1885. Brochure grand in-8°, 16 pages avec cartes. (Extrait de l'*Atlas colonial*). —.75. *Coup d'œil sur les forces productives de l'Amérique du sud.* Conférence faite à la Société philomathique de Bordeaux. 1886. Brochure in-8°, 19 pages. — 86. *L'Australie*, 1886-1887, 1 vol. in-8°. (Extrait de la *Revue de géographie*). — 81. *Les populations urbaines en France comparées à celles de l'étranger.* Picard, 1887. Brochure in-8°. (Extrait des *Comptes rendus de l'Académie des sciences morales et politiques*). — 82. *Statistique de la superficie et de la population des contrées de la Terre*, 1 vol. in-8°, 190 pages avec 2 cartes. (Extrait du *Bulletin de l'Institut international de statistique*, t. I et II, 1886 et 1887. — 83. *Les tables de survie.* (Extrait du *Journal de la Société de statistique*, mars 1887). — 84. *La théorie du salaire*, 1888. Brochure in-8°, 32 pages. (Extrait du *Journal des Economistes*). — 85. *Six semaines à Rome*, 1888. Brochure in-8°. (Extrait de la *Nouvelle Revue*.) — 87. *L'Exposition universelle de* 1889. (Extrait du *Génie civil*, 1888). Brochure, 14 pages. — 68. *Le Brésil*, 1889, 1 vol. grand in-8°, 82 pages. (Extrait de la *Grande Encyclopédie*). — 89. *Discours au congrès monétaire de* 1889, 1889. Brochure in-8°, 32 pages. — 90. *La statistique, son objet, son histoire.* Conférence faite le 23 novembre 1889 à la Réunion des officiers, sous les auspices de M. le Ministre de la guerre et de la Société de statistique, 1890. Brochure in-12, 34 pages. — 91. *Les céréales*, conférences faites les 21 et 28 décembre 1889 à la Réunion des officiers, sous les auspices de M. le Ministre de la guerre et de la Société de statistique, 1890. Brochure in-8°, 74 pages. — 92. *La population française; Histoire de la population avant 1789 et démographie de la France comparée à celle des autres nations, précédée d'une introduction sur la statistique*, 3 vol. in-8°. — Premier volume, 468 pages et 3 cartes, plus 60 pages de table, 1889. Deuxième volume, 533 pages, 1891. Troisième volume, 570 pages, 1892. — 91. *La relation générale de l'état et du mouvement de la population.* Communication faite à l'Académie des sciences, séance du 15 décembre 1890. Brochure in-8°, 11 pages. — 95. *Cours de géographie de l'en-*

tique et ancien président de la Société de statistique, qui remplaçait M. Burat depuis l'année 1881. En 1885, M. Burat étant mort, M. A. de Foville a été présenté par le Conseil de perfectionnement et nommé par le ministre professeur titulaire (1). Son cours comprend

seignement primaire supérieur. Première année, *Géographie de la France et de ses colonies.* Deuxième année, *Géographie des cinq parties du monde.* Delagrave, 2 vol. in-12. 1re édition en 1891. — 96. *Note sur la valeur de la production agricole.* Séances de la Société nationale d'agriculture du 15 avril, du 27 mai et du 3 juin 1891. Brochure in-12, 144 pages. — 97. *Rapport sur les méthodes et les résultats de la statistique de l'enseignement primaire dans quatorze États de l'Europe*, présenté à la session de l'Institut international de statistique de Vienne, 1892. Brochure in-8°, environ 200 pages. — 98. *La récolte de 1891 en Russie.* Communication faite à la Société nationale d'agriculture en décembre 1891, 1892. Brochure in-8°. — 99. *La population et la richesse au XIXe siècle.* Brochure in-8°, 65 pages. (Extrait des *Annales du Conservatoire des arts et métiers*, 1891). — 100. *L'instruction et l'éducation depuis 1789.* Brochure in-8°, 60 pages. (Extrait des *Annales du Conservatoire des arts et métiers.*) — 101. *Note sur la méthode d'enseignement de la géographie proposée par M. Levasseur, membre de l'Institut, à Paris*, brochure in-8°, 32 pages, communication adressée au 6e congrès international des sciences géographiques, tenu à Berne en 1891. — 102. *La France et ses colonies. (Géographie et statistique.)* Delagrave, 3 vol. in-8°, 1890-1892 : I, 556 pages, II, 690 pages ; III, 512 pages avec la table alphabétique. — 104. *L'ouvrier autrefois et aujourd'hui.* Conférence faite à la société nationale des conférences populaires 1892. — 105. *Expansion de la race européenne hors d'Europe depuis la découverte de l'Amérique.* Brochure in-8° de 13 pages. Extrait du compte rendu du premier congrès italien de géographie tenu à Gênes en septembre 1892. — 106. *L'Europe.* Brochure de 69 pages, grand in-8°. Article extrait de la Grande Encyclopédie, 1892. — 107. *Aperçu de l'histoire économique de la valeur et du revenu de la terre en France du XIIIe siècle à la fin du XVIIIe*, avec les courbes du prix du blé de 1.200 à 1891. (Extrait des mémoires de la Société nationale d'agriculture).

(1) Voici la liste des principaux travaux publiés par M. A. de Foville depuis 1882 : — l'*Administration de l'agriculture au Contrôle général des finances sous Louis XVI* : Lavoisier, Dupont de Nemours, etc., (1882) en collaboration avec feu M. H. Pigeonneau. — *Études économiques sur la propriété foncière* : *Le morcellement*, un vol. in-8° (1885). — *Frédéric Bastiat, sa vie et ses œuvres* (1889). — *La France économique*, statistique raisonnée et comparative, (1 vol. in-12° 1° 2° 3° éditions 1888, 1890, 1892). — *Conférences faites à la Réunion des officiers à la Sorbonne, à l'exposition d'économie sociale.* — *Rapport sur les caisses d'épargne* (Exposition d'économie sociale, 1889) M. de Foville, comme chef du service de la statistique du ministère des finances est le rédacteur depuis le début (1877) du *Bulletin de statistique et législation comparée* au ministère des Finances, (16 années 32 volumes) — Il a collaboré au *Dictionnaire des Finances*, au *Nouveau dictionnaire d'économie politique*, au *Dictionary of political economy*, etc., et a publié de nombreux articles sur l'économie politique et sociale, les finances et la statistique dans : l'*Économiste français* (plus de 200 articles), le *Journal des économistes*,

quatre années (1). Le programme ne revient pas d'ailleurs précisément sur les mêmes matières tous les quatre ans.

Le cours de droit commercial a été supprimé après la mort de M. Malapert en novembre 1890.

Les cours du Conservatoire des arts et métiers s'adressant à des personnes dont la plupart sont retenues par leurs affaires dans la journée, ont lieu le soir, celui d'économie politique de sept heures trois quarts à huit heures trois quarts, celui d'économie industrielle de neuf à dix heures. Les cours sont fréquentés par un nombreux auditoire : le nombre moyen annuel des présences au cours d'économie politique a varié de 246 en 1891-1892 à 513 en 1883-1884 (410 auditeurs à la dernière leçon, 18 novembre 1892) et celui du cours d'économie industrielle de 185 en 1886 à 305 en 1890.

les *Annales du Conservatoire des arts et métiers*, le *Bulletin du comité des travaux historiques et scientifiques*, la *Revue générale d'administration*.

(1) Voici la répartition des matières du cours :

Première année. — Définitions et généralités. — L'industrie humaine et ses œuvres. — Moyens d'action de l'industrie humaine. — Forces productives. — La nature et l'homme. — NATURE : climats, continents et mers, fleuves, montagnes, isthmes, terrains, règne minéral, règne végétal, règne animal. — L'HOMME. — L'individu et l'espèce. — Études démographiques. — La population française et les populations étrangères.

Deuxième année. — Le rôle du mouvement dans l'industrie humaine et dans la civilisation. — L'industrie des transports. — Moteurs, véhicules, voies. — Les routes; les chemins de fer; la circulation urbaine; les rivières et les canaux; la navigation maritime. — Postes et télégraphes. — Trafic général. — Effets des transformations de l'industrie des transports : vitesse, prix, sécurité, conséquences économiques et sociales.

Troisième année. — Rapports de l'industrie humaine avec les grandes institutions sociales. — La propriété. — L'échange; la monnaie; le crédit. — Banques, caisses d'épargne, valeurs mobilières. — Sociétés de secours mutuels, coopération. — Économie sociale. — La liberté du travail et l'association. — Division du travail. — L'État. — Finances publiques. — Le budget des recettes et l'impôt. — Le budget des dépenses, services publics. — Les emprunts et les dettes. — La richesse dans les diverses parties du monde.

Quatrième année. — La production et la consommation. — Principales formes de l'industrie humaine. — Agriculture et produits agricoles : céréales, viandes, poissons, boissons. — La question des subsistances. — Industrie : sel, sucre; textiles et tissus; papier; houille; métaux; verre éclairage; tabac; poudres. — Commerce intérieur et extérieur. — Statistiques commerciales. — Libre-échange et protection. — Traités de commerce. — Théorie et histoire des prix. — Les crises.

COLLÈGE DE FRANCE.

Les sciences économiques sont enseignées dans deux chaires du Collège de France.

La chaire d'*économie politique*, fondée en 1830, dans laquelle ont enseigné successivement Jean-Baptiste Say, Rossi, Michel Chevalier (et Baudrillart comme suppléant de Michel Chevalier) est occupée depuis 1881 par M. PAUL LEROY-BEAULIEU (1), membre de l'Institut, membre de la Société d'économie politique, ancien président de la Société de statistique.

Le professeur fait chaque semaine une grande leçon sur un sujet général et une petite leçon sur un sujet plus particulier. Il a traité depuis 1882 les sujets suivants :

1882-83. *Principes de la population et de ses applications au temps présent. Des emprunts, des budgets publics et de l'impôt.*

---

(1) Voici, d'après la notice bibliographique de l'Académie des sciences morales et politiques, les principales publications de M. Paul Leroy-Beaulieu depuis l'année 1882 (publications nouvelles ou rééditions). Trois de ses ouvrages : la *Répartition des richesses*, le *Collectivisme* et l'*Etat moderne*, sont la reproduction, sauf quelques remaniements, du cours du professeur au Collège de France.

6. De *la colonisation chez les peuples modernes. Histoire et doctrine* (prix Léon Faucher, 1870), 1re édition, 1 volume in-8°, 1874. — 2e édition, 1882. — 3e édition, 1885. — 4e édition, 1891. — Cet ouvrage a été traduit en espagnol et en italien. — 7. *Traité de la science des finances*, t. I, in-8°, *Des revenus publics*, t. II, in-8°, *Le budget et le crédit public*, 1re édition, 1876-1877. — 2e édition, 1879. — 3e édition, 1883. — 4e édition, 1888. — 5e édition, 1891. — Ouvrage traduit en langue hongroise. — 8. *Essai sur la répartition des richesses et la tendance à une moindre inégalité des conditions.* 1 volume in-8°, 1re édition, 1881. — 2e édition, 1883. — 3e édition, 1887. — 9. *Le collectivisme, examen critique du nouveau socialisme*, 1 volume in-8°, 1re édition, 1883. — 2e édition, 1885. — 3e édition, 1891. — 10. *L'Algérie et la Tunisie*, 1 volume in-8°, 1888. — 11. *Précis d'économie politique*, 1 volume in-18. 1re édition, 1888. — 2e édition, 1889. — 3e édition, 1891. — Ouvrage traduit en espagnol, en grec, en finnois et en japonais. — 12. *L'Etat moderne et ses fonctions*, 1 volume in-8°, 1re édition, 1890. — 2e édition, 1891. Ouvrage traduit en anglais et en italien.

Travaux académiques. — 2. — *La théorie de Karl Marx sur la plus-value ou le profit*, t. 123, p. 83 à 116 (1885). — 3. *Observations sur le socialisme d'Etat*, t. 125, p. 525 à 531 (1886). — 4. *Observations sur la question ouvrière*, t. 126, p. 138 à 147 (1886). — 5. *Mémoire sur le luxe*, 1887. — 6. *Observations sur le travail de nuit des femmes*, t. 134, p. 267 à 272 (1890). — 7. *Observations sur la réforme des caisses d'épargne françaises*, t. 136, p. 224 à 238 (1891).

M. Leroy-Beaulieu a collaboré à la *Revue des Deux-Mondes*, depuis 1869, au *Journal des Débats*, depuis 1870. Il a été le fondateur et le rédacteur en chef de l'*Economiste français*, depuis 1873.

— 1883-84. *Rôle de l'État dans le monde économique. Contradictions économiques de Proudhon.* — 1884-85. *Du crédit. Principaux systèmes de droit naturel de la première moitié du XIXᵉ siècle. Harmonies économiques de Bastiat.* — 1885-86. *Principes de la science économique. Doctrines économiques de Ricardo.* — 1886-87. *Distribution des richesses. Recherches sur la nature et les causes de la richesse des nations,* par A. Smith. — 1887-88. *L'usage des richesses. Œuvres de J.-B. Say.* — 1888-80. *Revenus publics et impôts. Troisième et quatrième partie du cours complet d'économie politique de J.-B. Say.* — 1889-90. *Du crédit, de la monnaie et des banques. Parties du cours complet d'économie politique de J.-B. Say, relatives à la répartition et à la consommation des richesses.* — 1890-91. *De la population, des causes de son accroissement ou de sa réduction et des conséquences sociales qui en résultent. — Les idées et les ouvrages de Fourier.* — 1891-92. *Des revenus publics et de l'impôt. — Principes d'économie politique de J. Stuart Mill.* — 1892-93. *Du principe d'association et de ses applications économiques et sociales : Sociétés anonymes, assurances, mutualité, participation aux bénéfices, sociétés ouvrières, coopération. Étude des principes d'économie politique de Stuart Mill.*

La chaire qu'occupe M. E. LEVASSEUR, depuis 1868, comme chargé d'un cours complémentaire et depuis 1872, comme professeur titulaire, a changé, en 1885, le titre d'histoire des doctrines économiques contre celui de *Géographie, histoire et statistique économiques* qui en définit plus exactement l'objet. L'enseignement est resté le même. M. Levasseur, sans professer un cours dogmatique des principes mêmes de la science économique — ce qui est réservé à la chaire d'économie politique — s'applique à dégager, de l'étude des faits, les lois et à faire en quelque sorte de l'économie politique pratique en traitant des sujets d'histoire ou de géographie économique et en analysant certains phénomènes économiques. Voici les sujets de son cours depuis l'année 1882 :

1882-83. *Géographie économique et forces productives de l'Amérique du nord et particulièrement des États-Unis et du Canada.* 1883-84. *Géographie et forces productives du Mexique, de l'Amérique centrale et des Antilles.* — 1884-85. *Colonies anglaises de l'Australasie et colonies néerlandaises de la Malaisie.* — 1885-86. *La population française.* — 1886-87. *La population française comparée aux autres populations de la terre. Sources de l'étude de la démographie.* — 1887-88. *Lois de la population. Statistique comparée du mouvement de la population.* — 1888-80. *Le sol et l'agriculture de la France.* — 1889-90. *Des richesses minérales et des industries de la France. — 1890-91. Voies de communication et commerce de la France au XIXᵉ siècle. — 1891-92. L'Algérie et la colonisation française. —1892-93. Étude géographique, historique et économique de l'Afrique française.*

ÉCOLES DE DROIT.
Facultés de l'État.

L'économie politique est devenue une des matières obligatoires de l'enseignement des écoles de droit depuis le décret du 26 mars 1877 qui l'a comprise dans le programme des matières de l'examen de seconde année. Le décret du 29 juillet 1889 a transporté de la seconde à la première année l'examen que les étudiants subissent sur l'économie politique. Il a, en même temps, institué en troisième année huit cours « à option », c'est-à-dire huit cours entre lesquels les étudiants ont la faculté de choisir celui sur lequel ils répondront. Au nombre de ces cours à option dont la durée n'est que d'un semestre, figure la législation financière dont l'enseignement a été établi depuis cette date dans la plupart des facultés. L'enseignement de la statistique y a été introduit aussi récemment, à Bordeaux d'abord, ensuite à Paris en 1892.

Le cours *d'économie politique* de l'*École de droit de Paris*, fondé en 1864, eut pour premier professeur M. *Batbie* qui, titulaire de la chaire en 1882, était suppléé par M. Paul BEAUREGARD (1). Le sup-

---

(1) M. Beauregard a publié depuis 1882: *La main-d'œuvre et son prix* (1 vol. in-8º), ouvrage récompensé par l'Académie des sciences morales et politiques, — *Ricardo*, édition abrégée de ses œuvres (1 vol. in-12, collection de la petite bibliothèque de l'économie politique), — les *Éléments d'économie politique* (1 vol. in-8), manuel dans lequel se trouvent exposés les principes et l'esprit de l'enseignement du professeur. Les *Éléments d'économie politique* ont été composés surtout en vue « de fournir un livre d'études aux élèves de l'enseignement secondaire spécial et un guide commode à leurs mœurs ». L'auteur a respecté l'ordre tracé par le programme du 10 avril 1886 et il a divisé son ouvrage en vingt-huit leçons et en cinq parties (production, distribution, circulation, consommation de la richesse, application de l'économie politique à la législation financière, plus une introduction et une conclusion. Il considère l'économie politique comme étant à la fois une science et un art : « Une science parce que l'observation permet de découvrir et de formuler des lois naturelles dirigeant les phénomènes économiques, un art parce que, de la connaissance de ces lois, se dégagent pour les hommes de précieux enseignements. » Depuis 1890, il est le rédacteur en chef du *Monde économique*, journal hebdomadaire qu'il a fondé et qui est voué à la défense des principes économiques et particulièrement de la liberté du commerce.

pléant est devenu professeur titulaire en décembre 1887, après la mort de M. Batbie.

Le cours de *science financière*, créé en 1879 est professé en 1892, comme il l'était en 1882, par M. E. ALGLAVE, membre de la Société d'économie politique. Ce cours, qui s'adresse aux élèves de quatrième année et qui fait partie, depuis 1890, des « cours à option » est le seul dans les Facultés de droit qui ait pour objet spécial la science des finances (1). Il est divisé en trois parties, les impôts, les emprunts et le budget, la science financière privée (monnaie, banque, bourse, etc.), questions auxquelles le professeur a ajouté l'histoire des doctrines socialistes; chaque partie est traitée en une soixantaine de leçons et occupe d'ordinaire une année, sans que M. Alglave s'astreigne à revenir exactement sur les mêmes matières. En 1892-1893, le professeur traite des emprunts et du budget, et accessoirement des caisses d'épargne et des chemins de fer ainsi que de l'état économique et financier d'un des États de l'Europe.

Dans plusieurs pays, notamment en Italie, dans les facultés de jurisprudence, existent depuis longtemps des cours de statistique. L'expérience favorable d'un cours de ce genre professé à la Faculté de droit de Bordeaux pendant deux semestres décida, en 1891, le ministre de l'Instruction publique et des Beaux-Arts, membre lui-même de l'Institut international de statistique, à transporter cet enseignement à la Faculté de Paris; les fonds nécessaires ont été inscrits au budget de 1892 et la chaire de statistique a été créée le 31 janvier 1892. M. FERNAND FAURE, membre de la Société d'économie politique et de la Société de statistique, qui donnait déjà cet enseignement à Bordeaux, a été appelé à l'occuper.

Le cours que le professeur a inauguré dans le second semestre de l'année 1891-1892 est destiné aux élèves de quatrième année; il comprend en 1892 deux leçons par semaine pendant les deux semestres l'année de scolaire (2), et, en outre, des conférences et exer-

(1) Nous rappelons que M. Alglave a inauguré l'enseignement de la Science financière en 1872, qu'il l'a continué à la Faculté de Douai jusqu'en 1874, époque où il a été révoqué après la retraite de M. Thiers et qu'il l'a repris à Paris en 1876 lorsqu'il a été nommé professeur à l'École de droit.

(2) Voici le programme que ce professeur se propose de suivre en 1892-1893. (Cours annuel, 2 leçons par semaine).

Introduction : De l'enseignement de la statistique. — Ch. I. Comment la Statistique est-elle un objet d'enseignement. — Ch. II. De la nécessité de l'enseignement de la Statistique. — Ch. III. Qui peut donner cet enseignement. — Ch. IV. Différents modes d'organisation de cet enseignement, sa place et son rôle dans les Facultés de Droit.

cices pratiques du genre de ceux qui sont en usage à l'étranger dans quelques séminaires de statistique.

M. Ducrocq, professeur de droit administratif, membre de la Société d'économie politique, président, en 1892, de la Société de statistique, a été chargé, en outre, depuis la réforme de la licence en droit (décret du 24 juillet 1889), d'un cours semestriel sur la *législation financière*. C'est un des cours « à option », de la licence. La première leçon a eu lieu en novembre 1891 (1).

1re PARTIE. — *Histoire de la Statistique et des théories relatives à la Statistique.* — Ch. I. La Statistique dans l'antiquité. — Ch. II. La Statistique au moyen-âge. — Ch. III. La Statistique dans les temps modernes. — Ch. IV. La Statistique du commencement du XIXe siècle à nos jours. — Ch. V. Histoire des doctrines sur la Statistique depuis le milieu du XVIIIe siècle jusqu'à nos jours.

2e PARTIE. — *Théorie de la Statistique.* — Ch. I. Définition de la Statistique, détermination de son objet. — Ch. II. Par qui la Statistique peut-elle être dressée. Différents procédés d'investigation. — Ch. III. Différents modes d'expression des faits. — Ch. IV. Différentes catégories d'indications fournies par la Statistique. Leur valeur. — Ch. V. Des fonctions de la Statistique. (Science, art, administration, conduite privée).

3e PARTIE. — *Organisation et fonctionnement de la Statistique en France et dans les principaux pays étrangers.* — Ch. I. Description des institutions privées ou publiques qui ont ou se donnent la mission de dresser des statistiques. — Ch. II. Description des principales publications de Statistique soit de France soit de l'étranger. — Ch. III. Étude critique de l'organisation actuelle de la Statistique en France et de ses productions.

Le professeur se propose de consacrer au moins une des deux leçons qu'il fait par semaine à des conférences et exercices pratiques sur la Statistique.

(1) 1re partie : l'État débiteur, comprenant les règles générales relatives à l'État débiteur, la dette amortissable, la dette remboursable à terme ou par annuités, la dette flottante, la dette viagère, l'État dépositaire, les dettes courantes résultant des dépenses afférentes aux services généraux des ministères : 2e partie : l'État créancier, comprenant les règles générales relatives à l'État créancier et ses principales créances sauf l'impôt ; l'État créancier des impôts, avec la théorie générale de l'impôt, les contributions directes et indirectes, les douanes, les droits d'enregistrement, de timbre et d'hypothèque, les postes et télégraphes, les produits de diverses exploitations et du domaine.

L'année suivante (1893-1894), M. Ducrocq se propose de reprendre le cours de Législation financière et s'adressera aux étudiants qui suivent maintenant en seconde année, son cours de droit administratif, cours obligatoire. M. Ducrocq a fait aussi, pour les étudiants de troisième année, un cours semestriel et à « option » de droit administratif dans lequel il a traité de certaines matières économiques, telles que les établissements d'assistance et de prévoyance.

Parmi les publications de M. Ducrocq, postérieures à l'année 1882 et relatives à l'économie politique ou à la statistique, nous pouvons citer ses

Dans le second semestre de l'année 1892-1893, le cours de législation financière sera professé par M. Chavegrin, agrégé, qui traitera de la théorie générale de l'impôt.

Les autres cours dans lesquels le professeur est appelé à parler de questions économiques sont : le cours semestriel de *législation coloniale*, professé par M. Leveillé qui, en 1892-93, a traité de la colonisation française de 1492 à 1815 et des États-Unis depuis 1763 au double point de vue des questions économiques et des questions constitutionnelles : le cours semestriel de *législation industrielle* professé par M. Planiol, agrégé ; les cours fondamentaux du troisième année sur le *droit commercial*, par M. Rataud et sur le *droit commercial maritime* et la *législation commerciale*, par M. Lyon-Caen.

A la *Faculté de droit d'Aix*, l'enseignement de l'*économie politique* date de 1877. Il avait été confié à M. Alfred Jourdan (arrêté ministériel du 3 août 1877) qui l'a donné d'abord comme chargé d'un cours complémentaire, puis comme professeur titulaire, la chaire ayant été instituée par décret du 1er janvier 1883 (1).

M. Jourdan était doyen de la Faculté de droit d'Aix, membre de la Société d'économie politique et correspondant de l'Académie des sciences morales et politiques. Après quatorze années d'enseignement de l'économie politique, il s'est fait suppléer en 1891, par son fils Edouard Jourdan, professeur à la même Faculté. Il est mort le 10 août 1891, et il a été remplacé par M. Camille Perreau, chargé du cours par arrêté ministériel du 20 novembre 1891. Le cours d'économie politique se fait pendant les deux semestres et comprend trois leçons par semaine (2).

Etudes de droit public (1 vol. in-8, 1887) — les *Études d'histoire financière et monétaire* (1 vol. in-8, 1887), la *Réforme de la licence en droit* (1889) — la *Statistique des libéralités aux personnes morales* (1889). — *Un nouveau progrès à réaliser dans la statistique des libéralités aux personnes morales* (1890). — *De la nationalité au point de vue du dénombrement* (1890). — *La statistique au Conseil d'État* (1891). — *Notice sur Émile de Laveleye* (1892).

(1) Depuis l'année 1882, M. A. Jourdan a publié : *Du rôle de l'État dans l'ordre économique* (1 vol. in-8, 1882), ouvrage couronné par l'Académie des sciences morales et politiques. — *Cours analytique d'économie politique* (1 vol. in-8 : 1re édition en 1882, 2e édition en 1891). — *Des rapports entre le droit et l'économie politique* (1 vol. in-8, 1885), ouvrage couronné par l'Académie des sciences morales et politiques.— *L'économie politique et les sciences de la nature* (1888), discours prononcé à la Société académique d'Aix.

(2) M. Camille Perreau divise son cours en cinq parties : introduction, production des richesses, répartition des richesses, circulation des richesses, notions de science financière.

Le cours d'*économie politique* de la *Faculté de droit de Bordeaux*, qui date de 1877 et dont le premier titulaire (1877-1880) a été M. GIDE, était professé en 1889 par M. FERNAND FAURE. Un arrêté ministériel du 31 octobre 1889 créa un cours de *statistique*. M. Fernand Faure en fut chargé ; il a donné cet enseignement pendant deux semestres, en 1890 et en 1891 (1), avant d'être appelé à la Faculté de Paris. Depuis son départ, le cours d'économie politique a été confié à M. SAINT-MARC. La Faculté de Bordeaux possède aussi un cours de *législation financière* qui est professé par M. DE BOECK.

A la *Faculté de droit de Caen*, la chaire d'*économie politique* est occupée depuis le 15 janvier 1881 par M. VILLEY, doyen de la Faculté de droit, correspondant de l'Académie des sciences morales et politiques et membre de la Société d'économie politique. (2)

Le cours de *législation financière*, créé en 1891, est, comme dans toutes les Facultés, un cours « à option » pour les étudiants de troisième année ; il a lieu trois fois par semaine pendant un semestre. Le professeur chargé de ce cours, M. LEBRET, traite en premier lieu sommairement de la science des finances et surtout des sources des revenus publics, et expose en second lieu avec plus de détails un point spécial de la matière (cette année, le budget communal et départemental) (3).

A la *Faculté de droit de Dijon*, M. MARCEL MONGIN (4) est chargé

---

(1) M. Fernand-Faure a publié sa leçon d'ouverture

(2) Voici le programme du cours de M. Villey.—Définition, principes généraux, méthode, notions historiques. L'individu, la famille et l'Etat ; limites respectives de la liberté et de l'autorité ; La vie économique; l'organisation de la production ; les facteurs de la production ; la terre et les agents naturels, le capital et le travail ; la rémunération des différents collaborateurs, notamment la question des salaires. L'échange et le commerce ; les voies de communication ; les instruments de commerce ; la monnaie ; le crédit et les banques ; le commerce extérieur. La consommation ; le paupérisme et ses remèdes ; l'assistance et la prévoyance. Les transformations de la vie économique. L'évolution naturelle et les réorganisations artificielles. Le socialisme contemporain ; ses origines et ses tendances. Les fonctions naturelles de l'État. Le progrès économique et social.

Depuis 1882, M. Villey a publié un *Traité élémentaire d'économie politique et de législation économique* (1 vol. in-8, 1885).—*La question des salaires ou la question sociale* (1 vol. in-8, 1887), ouvrage couronné par l'Académie des sciences morales et politiques. Il est un des collaborateurs actifs de la *Revue d'économie politique*.

(3) M. Lebret a publié en 1883 une *Étude sur la propriété foncière en Angleterre*.

(4) M. Mongin a publié : un article sur *Les éléments de la valeur* dans le

de l'enseignement de *l'économie politique* depuis la fondation, comme chargé de cours, de novembre 1878 à 1883, et comme professeur titulaire depuis le 1er janvier 1883. Ce cours, qui a lieu trois fois par semaine pendant les deux semestres de l'année scolaire, est divisé en trois parties : production (et consommation), circulation, répartition (y compris les questions ouvrières, l'assistance et l'impôt). Voici comment le professeur définit sa méthode. « Je m'efforce de dégager certaines idées générales et j'admets comme certaine l'existence de lois naturelles, c'est-à-dire de règles générales dérivant de la nature humaine ; mais je me refuse à considérer ces lois comme infaillibles ; la volonté humaine peut et doit souvent intervenir pour en modérer ou en combattre l'action. A côté de cette partie théorique, une part importante est faite à l'étude des grands faits économiques dans le passé et dans le présent. Une très grande place est donnée aussi à la législation économique, spécialement aux lois ouvrières, à l'organisation des caisses d'épargne, au régime des banques et surtout de la banque de France, au régime douanier, etc. Le cours de *législation financière* est professé par M. Lucas.

A la *Faculté de droit de Grenoble*, il y a deux cours complémentaires, un pour l'*économie politique* qui dure pendant les deux semestres et qui est professé par M. Rambaud, l'autre pour la *science financière* qui est un cours semestriel « à option » et qui est professé par M. Wahl.

A la *Faculté de droit de Lille*, il y a aussi deux cours complémentaires. Celui d'*économie politique*, créé en 1877, a été confié successivement à MM. Audibert (1877-1878), Bastid (1878), Faure (1880-1883), Fettu (1883), Aubry (1883-1890) ; il est professé depuis deux ans par M. A. Deschamps qui se propose cette année d'exposer « la science économique dans son état actuel, laissant de côté toute question d'art et intervention de l'Etat. » Le cours semestriel de *science financière* est confié à M. Artus.

L'enseignement de l'économie politique à la *Faculté de droit de Lyon* remonte à la fondation de cette Faculté, en 1875. M. Rougier en a été chargé par décret du 29 octobre 1875 ; il est professeur titulaire de la chaire d'*économie politique* depuis le 6 août 1879.

Journal des Économistes (1882). — Un *Commentaire de la loi sur les syndicats professionnels* (1884). — *Des changements de valeur de la monnaie* et *De l'abondance de la monnaie métallique*, dans la *Revue d'économie politique* (1887-1888); le *Nouveau régime douanier*, dans la *Revue bourguignonne de l'enseignement supérieur* (1891), article dans lequel l'auteur expose et défend le projet de tarif.

Son cours comprend trois leçons par semaine de 1 h. 1/4 pendant les deux semestres de l'année scolaire, soit en tout, comme dans la plupart des facultés, quatre-vingt-quinze leçons. Le professeur le divise en sept parties : 1° historique de l'économie politique, 2° production, 3° circulation, 4° répartition, 5° consommation, 6° impôts et emprunts (1). Depuis l'origine, la Société d'économie politique de Lyon vote chaque année une somme de 200 fr. qui est distribuée en prix et mentions aux lauréats d'un concours d'économie politique (2).

M. Rougier a été chargé en outre, pendant l'année scolaire 1891-1892, d'un cours semestriel (du 15 mars au 1er juillet 1892) d'*économie et de législation coloniale*. Dans les quarante leçons de ce cours le professeur a exposé l'histoire sommaire des colonies françaises, leur situation administrative et leur état économique.

---

(1) Depuis l'année 1882, M. Rougier a publié : *Rapport sur les réformes proposées sur les opérations de Bourse. — La question des théâtres* (liberté, censure, droit des pauvres). *— Rapport sur les sociétés coopératives de production. — Rapport sur l'impôt sur le revenu. — L'Economie politique à Lyon*, 1750-1890, 1 vol. in-8°, 1891. — *Les sociétés de secours mutuels du Rhône*. Étude sur leur situation, le progrès et les réformes qu'elles ont à réaliser, 1 vol. in-8°, 1889. — *L'assistance des indigents à domicile*, 1 vol. in-8°, 1888. — *Le Comité général des sociétés de secours mutuels du Rhône*, 1 vol. in-8°, 1886.

(2) Ce concours, auquel les étudiants prennent part librement, au nombre de 10 à 25 par an, consiste à traiter un sujet d'économie politique. Le concours a lieu dans une des salles de la Faculté. Le temps accordé est de sept heures. Il est rendu compte du concours par un rapport imprimé dans le volume annuel de la Société d'économie politique. Voici les sujets qui ont été donnés depuis 1876 :

1876. — Le salaire et les conditions du travail en France.
1877. — De la monnaie.
1878. — Les admissions temporaires.
1879. — Les emprunts de l'État.
1880. — Les tarifs douaniers et les traités de commerce.
1881. — La rémunération du capital.
1882. — Les banques de circulation.
1883. — La rémunération de la terre.
1884. — La rémunération du travail.
1885. — Les impôts, recettes et dépenses.
1886. — La balance du commerce.
1887. — Les sociétés coopératives.
1888. — Du billet de banque.
1889. — Les importations.
1890. — Le libre échange et les exportations.
1891. — L'organisation du travail, réglementation.

Le cours semestriel de *législation financière* est professé par M. BERTHELEMY.

La chaire d'*économie politique* à la *Faculté de droit de Montpellier* a été créée en même temps que la Faculté en 1880. Le professeur titulaire est M. GIDE qui occupait auparavant la même chaire à Bordeaux. M. Gide consacre deux de ses leçons hebdomadaires à exposer les principes généraux de l'économie politique et la troisième à l'étude d'un sujet spécial qu'il change chaque année ; c'est ainsi qu'il a traité successivement de la colonisation, des finances, de la coopération, du salariat, de la consommation (1). Le cours semestriel de *science financière* est professé par M. GLAIZE. Il y a, en outre, un cours de *législation industrielle* professé par M. LABORDE.

A la *Faculté de droit de Nancy*, le cours d'économie politique, créé en 1877 (2) est devenu le 16 janvier 1881 la *chaire d'économie politique*. Depuis 1877, l'enseignement est donné par M. GARNIER qui divise son cours de la manière suivante (programme de 1892-1893) : introduction sur les notions générales de l'économie politique ; première partie comprenant le mécanisme de la production, de la circulation et de la répartition des richesses ; deuxième partie comprenant la répartition de la richesse ; troisième partie comprenant l'étude spéciale de certains sujets tels que population, liberté du commerce, caisses d'épargne, etc. ; quatrième partie comprenant le rôle de l'État et l'impôt. M. Garnier s'applique surtout, en donnant à ses élèves une notion générale des principes fondamentaux de la science, à leur faire comprendre qu'on ne saurait traiter pertinemment les questions de détail sans posséder ces principes, mais que la pratique exige des tempéraments et de la prudence dans leur application (3).

---

(1) Voici les principaux travaux publiés par M. Gide depuis 1882 ; *Principes d'économie politique* (1re édition en 1883, la 4e sous presse en 1892, traduit en anglais en 1890), — *Etude sur l'Act Torrens* 1886, — *Introduction aux œuvres choisies de Fourier* 1890), nombreux articles dans la *Revue d'économie politique* dont il est un des fondateurs, dans la *Revue du christianisme pratique*, dans l'*Emancipation*, dans le *Political Science Quarterley review* (New-York), dans *Economic journal* (Cambridge). *Dictionary of political Economy*, par Inglis Palgrave, Il a publié aussi un *Discours d'inauguration du Congrès international des sociétés coopératives* (1889), la *Nouvelle école* insérée dans le volume des *Quatre écoles d'économie sociale* (1890) et diverses conférences.

(2) Avant que l'économie politique ne fit partie du programme de la licence, M, de Metz-Noblat, puis M. Liégeois avaient fait un cours libre d'économie politique dans les locaux de la Faculté de droit. M. Liégeois avait été autorisé à ouvrir son cours par arrêté du 21 avril 1868.

(3) M. Garnier a publié en 1890 les articles : Banques, Banques d'émission,

A la *Faculté de droit de Poitiers*, l'enseignement de l'*économie politique* date de 1877. Il a été confié d'abord à M. Th. Ducrocq, professeur de droit administratif et doyen. Il a été fait ensuite par M. Didier agrégé. Il est professé aujourd'hui par M. Brissonnet, membre de la Société d'économie politique, qui a été chargé du cours le 26 juillet 1888 et qui est professeur titulaire depuis le 30 juillet 1890. Après une introduction sur la définition de l'économie politique et la méthode, M. Brissonnet traite de la production des richesses comprenant l'étude des industries productives et l'analyse des facteurs de la production; de la répartition des richesses comprenant l'étude des participants, les critiques et la conclusion; de l'échange des richesses comprenant la monnaie, le crédit et le commerce et de la consommation des richesses. Le cours « à option » de *législation financière* est professé par M. Petit.

A la *Faculté de droit de Rennes*, l'enseignement de l'*économie politique* date de 1876. M. Emile Worms, qui est titulaire de la chaire, y a donné l'enseignement jusqu'à la fin de l'année 1882, où il a pris son congé. Depuis cette époque (1er janvier 1883) le cours est fait par M. Ch. Turgeon. Le professeur a adopté la division en production, distribution, circulation et consommation des richesses et traite ces matières « dans un esprit, dit-il, éclectique et indépendant en s'orientant vers la justice et la liberté. » En 1891, M. Turgeon a fait, en outre, un cours semestriel sur la *législation du travail* qui doit revenir tous les deux ans. M. Chauveau, agrégé, est chargé du cours de *science financière*, cours annuel « à option » pour les étudiants de troisième année, comme le précédent, qui revient tous les ans, mais ne dure qu'un semestre (1).

A la *Faculté de droit de Toulouse*, l'enseignement de l'économie politique a été introduit dès le 3 janvier 1865 sous la forme de cours facultatif qui a été confié à M. H. Rozy. A M. H. Rozy, mort en 1882, a succédé M. J. Arnault qui, le cours ayant été érigé en chaire d'*économie politique* en vertu de la loi du 30 décembre 1875, est devenu professeur titulaire en février 1876. M. Arnault, après une introduction sur les généralités, traite de la propriété, des rapports du capital et du travail et des questions ouvrières, du faire-valoir, de l'épargne et du luxe, de la monnaie, du crédit et des banques, du libre échange et de la protection, de l'histoire du commerce.

Banque de France, Banque d'Algérie, Banques coloniales dans le *Répertoire général du droit français* de Fuzier Hermann.

(1) M. Chauveau a publié dans la *Revue d'économie politique* plusieurs articles dont les principaux sont : *La science économique et la politique nationale des prétendues richesses immatérielles*.

A l'*Ecole supérieure de droit d'Alger* (créé par la loi du 20 décembre 1879 et organisée par les décrets des 10 janvier et 5 juin 1880) il y a un *cours complémentaire d'économie politique* créé en novembre 1880. Ce cours est professé depuis l'origine par M. Estoublon. Il s'adresse non seulement aux étudiants en droit de première année, mais aux jeunes gens qui aspirent au certificat d'études de législation algérienne, de droit musulman et de coutumes algériennes, institué par le décret du 24 juillet 1882.

Facultés libres

Dans les Facultés libres, le premier rang appartient à la *Faculté libre de droit de Paris* où M. Claudio Jannet professe, depuis 1877, date de la création de la chaire. Comme dans les Facultés de l'État, le professeur fait par semaine trois leçons de 1 heure 1/4 (90 leçons en tout) qui s'adressent aux élèves de première année. Son cours comprend une introduction et quatre parties : 1° de la production des richesses, divisée en trois sections : des conditions essentielles de la production communes à toutes les industries ; principaux arrangements sociaux qui rendent l'industrie humaine plus productive ; influence de la consommation sur la production ; 2° de l'échange ou de la circulation des richesses, divisée en trois sections : variations des prix provenant des conditions de production et de l'action de l'industrie commerciale (avec l'étude du commerce international) ; des variations des prix provenant des changements dans la quantité et le fonctionnement de la monnaie ; du crédit ; 3° de la répartition des produits des industries, 4° de l'usage de la richesse (y compris les institutions de prévoyance, l'État et ses fonctions économiques)(1). Les étudiants de seconde et de troisième année ont fondé une conférence d'études sociales dans laquelle ils s'exercent à débattre des questions économiques, qui peut être considérée comme un complément ou, tout au moins, comme une suite au cours d'économie politique (1). Un groupe de jeunes docteurs se réunit de temps à

---

1 Les principales publications de M. Cl. Jannet depuis 1882 sont : *Le crédit populaire et les banques en Italie du* XVe *au* XVIIIe *siècle* (1 vol. in-8, 1889) —*Les faits économiques et le mouvement social en Italie* (1 vol. in-8, 1889)—*Les précurseurs de la Franc-Maçonnerie au* XVIe *et au* XVIIe *siècle* (1 vol. in-8, 1887),—*Le socialisme d'Etat et la réforme sociale* (1 vol. in-8, deux éditions).— *Les devoirs des classes aisées dans la démocratie* (conférence)—*Monographie d'un métayer de l'ouest du Texas* (br.) — *Le capital, la spéculation et la finance au* XIXe *siècle* (1 vol. in-8, 1891). M. Cl. Jannet est un des collaborateurs du *Correspondant.*

(1) Cette conférence catholique d'études sociales a traité, en 1891-1892 entre autres sujets les suivants : Le travail de nuit doit-il être interdit aux

autre chez M. Cl. Jannet pour préparer des travaux sur des sujets d'économie politique. En première année le cours d'économie politique est complété par des *conférences* que fait, en vue de l'examen, un professeur adjoint, M. JOSEPH CHABERT.

La chaire d'*économie politique* à la *Faculté libre de droit de Marseille* remonte à l'année 1882, date de la fondation de cette faculté. Le premier professeur a été M. ED. BRIVE. M. PEYRON, qui l'a remplacé, professe à la fois l'économie politique et le droit civil dont il était déjà chargé. Son cours qui s'adresse, comme tous ceux de ce genre, aux étudiants de première année et qui comprend environ soixante-dix leçons est divisé, en une introduction et cinq parties, à savoir : la production, la consommation, la répartition (base et objet de la répartition, modes de répartition, conséquence de la répartition y compris la question de la population), la circulation, le rôle de l'État et les finances publiques. Le professeur s'applaudit des bons résultats qu'il a obtenus dans les examens et les attribue en grande partie à l'habitude d'interroger les élèves à la fin du cours pour leur apprendre à répondre sans intimidation.

A la *Faculté libre de droit de Lille* l'enseignement de l'Économie politique a été d'abord introduit en 1876 comme cours facultatif et est devenu, en 1878, un cours obligatoire pour les étudiants de deuxième année ; il est obligatoire aujourd'hui pour les étudiants de première année. M. BÉCHAUD, qui occupe depuis 1882 la chaire d'*économie politique*, s'applique surtout à présenter l'économie politique dans ses rapports avec le droit, de montrer les avantages ou les lacunes de la loi française au point de vue économique. Il divise son cours en deux parties : production et répartition de la richesse. Il fait, en outre, un cours pratique d'*économie politique* auquel prennent part les étudiants les plus zélés ; dans ce cours, qui a eu lieu une fois par semaine pendant le semestre d'hiver, les jeunes gens étudient des questions spéciales ; celui qui en est chargé lit un travail que discutent ensuite ses condisciples. Pendant le semestre d'été, le professeur et les élèves font quelques visites dans les principaux établissements industriels de la région, en vue surtout d'étudier les rapports entre ouvriers et patrons (1).

femmes adultes ? La loi doit-elle assurer aux ouvriers une retraite en cas de vieillesse ou une indemnité en cas d'accident ? Les matières premières doivent-elles être exemptes de droits au tarif général ? Les octrois peuvent-ils être supprimés ? Un minimum de salaires peut-il être fixé par la loi ? Faut-il supprimer l'obligation pour les caisses d'épargne de placer leurs fonds en rentes sur l'Etat, etc.

(1) Les principales publications de M. Béchaud sont : *La politique sociale en*

A la *Faculté libre de droit de Lyon*, la chaire d'*économie politique* a été créée en 1878 à la suite du décret qui rendait l'enseignement de l'économie politique obligatoire (décret du 26 mars 1877 et circulaire ministérielle du 16 mai 1877). Elle a été occupée successivement par MM. SAINT-GIRONS et LANGERON ; elle l'est depuis le mois de novembre 1886 par M J. RAMBAUD. Le professeur fait trois leçons par semaine : environ quatre-vingt-cinq leçons par an. Il suit le même programme qu'il suivait quand il s'adressait aux étudiants de seconde année : une introduction ou vue générale des matières de l'économie politique et quatre parties, production, répartition, circulation, consommation (1). Comme M. Cl. Jannet, il appartient à l'école libérale et il s'applique à montrer les dangers de l'amoindrissement de l'activité individuelle, quelle que soit la forme que prenne l'absorption de cette activité par la communauté, socialisme collectiviste, socialisme d'État, socialisme chrétien. M. Rambaud attribue une partie des bons résultats qu'il obtient aux examens que les professeurs font subir à leurs élèves.

A la *Faculté libre de droit d'Angers*, le cours d'*économie politique* à été créé lorsque cet enseignement est devenu obligatoire ; M. HERVÉ-BAZIN en a été le premier professeur. Après sa mort, M. PAUL BAUGAS lui a succédé, d'abord comme chargé de cours, (avril 1889), puis comme professeur (avril 1892). Indépendamment du cours qui a lieu pendant les deux semestres à raison de trois leçons par semaine, et dont le programme comprend une introduction et quatre parties (production, répartition, circulation, consommation), le professeur fait deux conférences par semaine durant le second semestre dans lesquelles il interroge les étudiants et leur donne, sur leur demande, des explications. Il conduit aussi les étudiants visiter des établissements industriels et charge l'un deux de présenter un rapport écrit ou verbal à la conférence (2).

L'enseignement de l'économie politique est bien à sa place dans les

---

Belgique ; — *Le salaire à l'époque moderne.* (Extrait d'un mémoire récompensé par l'Académie des sciences morales et politiques). (1887). — *La question des mines en France.* (1888) ; — *Le droit et les faits économiques.* (Ouvrage couronné par l'Académie des sciences morales et politiques), 1 vol. in-8°) ; — *Salaires et syndicats mixtes* (1891) ; — *La question des accidents du travail* ; d'après le Congrès de Berne. (1 vol. 1892).

(1) M. J. Rambaud a publié : *Les banqueroutes de l'ancien régime de 1700 à 1709* (brochure 1890) — *Le socialisme et les lois économiques* (Conférence, 1891) — de nombreux articles d'économie politique dans le *Nouvelliste de Lyon.*

(2) M. Baugas a publié : *Le prêt à intérêt* (1 vol. in-8°, 1888). — *La mobilisation de la propriété foncière* (1891).

Facultés de droit, c'est une opinion que nous avions émise dès 1863 dans une discussion de la Société d'économie politique (1). Il semble y avoir déjà porté des fruits. Presque tous les professeurs, dans les Facultés de l'État et dans les Facultés libres, sont unanimes à déclarer que ce cours est suivi avec assiduité et avec intérêt par les étudiants, et, en outre, dans certaines villes, par des personnes étrangères à la Faculté ; quelques-uns même ajoutent qu'il est au nombre de ceux qui excitent vivement l'attention et la curiosité. Plusieurs trouvent satisfaisantes les réponses des étudiants à l'examen. D'autres font des réserves à cet égard. Un professeur affirme que le niveau de l'enseignement et celui de l'examen ont baissé depuis que le professeur s'adresse aux étudiants de première année ; presque tous disent que les élèves de première année qui n'ont aucune notion d'économie politique ou qui n'en ont reçu qu'une idée très insuffisante en philosophie, sont trop jeunes pour en comprendre les analyses et les théories en première année et que les étudiants avaient l'intelligence mieux préparée lorsqu'il était donné en seconde année ; ils pensent aussi qu'il serait désirable qu'à ses leçons tout professeur joignît des interrogations et des conférences afin que les étudiants apprissent à exposer clairement leurs connaissances. On a déjà appliqué cette méthode dans plusieurs facultés libres.

Il est certain qu'en première année les jeunes gens ne savent pas encore ce qu'est une loi ou un contrat et que, malgré l'ouverture d'esprit que l'enseignement secondaire leur a donnée, ils sont moins aptes à comprendre certaines questions économiques que ne le seraient des élèves de seconde année. Cependant les cours « à option » de troisième année pourraient, après un certain changement dans le programme, ramener vers l'étude des problèmes économiques un certain nombre de jeunes gens dont l'esprit est alors plus mûr. Le cours de finances est celui qui est le plus propre à ce dessein ; mais il faudrait pour cela que les professeurs fussent chargés, comme l'est M. Alglave à Paris, d'exposer la science en même temps que la législation et ne se préoccupassent pas exclusivement du détail des lois et règlements : le titre, comme l'esprit, qui nous paraîtrait le mieux convenir à ce cours serait celui de *science et législation financières*. Il serait désirable aussi que le cours de *statistique*, qui vient d'être établi à la Faculté de droit, devînt un cours « à option » de la troi-

---

(1) Voir *Annales de la Société d'économie politique*, publiées sous la direction de M. ALPH. COURTOIS, séance du 6 juillet 1863, tome V, page 311.

sième année : ce qui lui assurerait un auditoire de véritables étudiants. La statistique, dont l'exposé de la théorie prendrait peut-être
difficilement en France le développement qu'elle a dans plusieurs universités d'Allemagne et d'Italie, se prête, par ses applications et sans que le professeur sorte de son cadre, à d'intéres-
santes études sur des matières économiques.

Parmi les professeurs, les uns se consacrent exclusivement à leur
enseignement. Les autres ont donné par leurs écrits des preuves de
leur talent et des témoignages de la direction particulière de leur
esprit; il nous suffit de rappeler, dans cette dernière catégorie, les
noms de MM. Beauregard, Claudio Jannet, Villey, Gide, Rougier et
aussi celui de M. A .Jourdan dont la mort récente a été une perte pour
l'économie politique.

En se répandant, la doctrine économique devait nécessairement se
diversifier. Lorsque l'enseignement public de l'économie politique
n'était donné en France que dans deux chaires, celle du Conservatoire des arts et métiers et celle du Collège de France, surtout
lorsque les deux chaires étaient occupées par le même savant trop
âgé pour se renouveler et se diversifier lui-même, il n'est pas éton-
nant que la doctrine fût une. Elle ne l'était plus autant quand,
professaient en même temps Blanqui, Wolowski et Michel Chevalier. Chacun d'eux envisageait les questions de détail à son point
de vue favori, mais tous trois appartenaient à la doctrine libérale
dont Adam Smith et J.-B. Say ont posé les fondements.

Il n'en est plus de même aujourd'hui. Les cours ont dû être nécessairement confiés à des docteurs en droit, le plus souvent à des
agrégés ; plusieurs, au moment de leur nomination, étant plus versés
dans les études juridiques que dans les études économiques, ont eu besoin d'un certain temps pour se pénétrer du sens intime des choses
qu'ils enseignaient. D'autre part, l'esprit économique n'est pas le même
que l'esprit juridique, quoiqu'il y ait d'étroites relations entre les lois
naturelles de l'économie politique et les lois positives des États. Il
n'est pas surprenant que de savants jurisconsultes éprouvent quelque
difficulté à plier leur intelligence à la conception de lois naturelles qui,
n'étant pas formulées en termes précis, peuvent leur paraître n'avoir
pas une consistance suffisante. Malgré cela, des professeurs se sont
formés et il y en a aujourd'hui de très distingués. Comme en
Allemagne ou en Italie où cet enseignement est plus développé
qu'en France, plusieurs ont essayé de marcher ailleurs que sur la
grande route. Nous sommes convaincu que la science finira par y
gagner. La vie économique des nations étant très complexe et les
phénomènes par lesquels elle se manifeste étant multiples et varia-

bles, il y a toujours place pour des aperçus nouveaux, pour des
études plus approfondies, pour des plans de réforme. Les changements qui se produisent dans le monde des intérêts matériels et
dans les rapports des travailleurs entre eux ouvrent aujourd'hui
de vastes champs d'exploration aux économistes français; il est
désirable qu'ils les éclairent par des recherches diversement dirigées,
par un enseignement indépendant à la condition qu'ils se souvien-
nent toujours et rappellent à leurs élèves que la liberté du travail est
un principe qui admet toutes les combinaisons, excepté celles qui
oppriment la liberté même.

La *Revue d'économie politique*, qui a été fondée en 1887 par
MM. Jourdan et Gide et qui, dirigée aujourd'hui par M. Gide, recrute
une grande partie de ses rédacteurs dans les facultés de droit, fournit
des preuves de l'activité, de la curiosité d'esprit et souvent de la solidité des travaux des professeurs d'économie politique.

Voici la liste des chaires et des cours complémentaires relatifs
aux sciences économiques et à la statistique qui existent dans les Facultés et écoles de droit, publiques ou libres, en 1892 : elle diffère peu
de celle que nous avions donnée pour l'année 1882.

Facultés de l'État.

Faculté de droit de Paris. — Économie politique (chaire : pro-
fesseur, M. BEAUREGARD. — Statistique (chaire) : professeur M.
FAURE. — Science financière (chaire) : professeur M. ALGLAVE. —
Législation financière (cours) : professeur, M. DUCROCQ.

Faculté de droit d'Aix. — Économie politique (chaire): professeur,
M. PERREAU.

Faculté de droit de Bordeaux. — Économie politique (chaire) :
professeur, M. SAINT-MARC. — Législation financière, (cours) : professeur, M. DE BŒCK.

Faculté de droit de Caen. — Économie politique (chaire) : professeur M. VILLEY. — Législation financière : professeur, M. LEBRET.

Faculté de droit de Dijon. — Économie politique (chaire) : professeur, M. MONGIN. — Législation financière (cours) : professeur,
M. L. LUCAS.

Faculté de droit de Grenoble. — Économie politique (cours) :
professeur, M. RAMBAUD. — Législation financière (cours) ;
professeur M. WAHL.

Faculté de droit de Lille (en 1882, cette faculté était à Douai). —
Économie politique (cours populaire) : professeur, M. DESCHAMPS. —
Législation financière (cours) : professeur M. ARTUS.

Faculté de droit de Lyon. — Économie politique (chaire) : professeur, M. ROUGIER. — Législation financière (cours) : professeur M. BERTHÉLEMY.

Faculté de droit de Montpellier. — Économie politique (chaire) : professeur, M. GIDE. — Économie politique (cours populaire) : M. GIDE. — Législation financière (cours) : M. GLAIZE.

Faculté de droit de Nancy. — Économie politique (chaire) : professeur, M. GARNIER. — Législation financière (cours) : professeur M. GARNIER.

Faculté de droit de Poitiers. — Économie politique (chaire) : professeur, M. BRISSONNET. — Législation financière (cours) : professeur, M. PETIT.

Faculté de droit de Rennes. — Économie politique (chaire) : professeur, M. WORMS (en congé), chargé du cours, M. TURGEON. — Législation financière (cours) : professeur M. CHAUVEAU.

Faculté de droit de Toulouse. — Économie politique (chaire) : professeur, M. ARNAULT. — Législation financière (cours) : professeur M. DESPIAU.

Faculté des sciences de Marseille. — Économie politique (cours) : professeur M. MOREAU.

Ecole préparatoire de l'enseignement du droit à Alger. — Économie politique (cours) : professeur M. ESTOUBLON.

Facultés libres :

Faculté libre de droit à Paris. — Économie politique : professeur, M. CLAUDIO JANNET.

Faculté libre de droit à Marseille. — Économie politique : professeur, M. PEYRON.

Faculté libre de droit à Lille. — Économie sociale : professeur, M. BÉCHAUD.

Faculté libre de droit à Lyon (créée depuis 1882). — Économie politique : professeur, M. RAMBAUD.

Faculté libre de droit à Angers. — Économie politique : professeur, M. BAUGAS.

(La Faculté libre d'économie politique à Toulouse n'existe plus).

AUTRES ÉTABLISSEMENTS D'ENSEIGNEMENT SUPÉRIEUR ET D'ENSEIGNEMENT TECHNIQUE.

Deux grandes écoles de l'État ont un cours d'économie politique qui s'adresse à des ingénieurs : l'École nationale des Ponts et Chaussées et l'École nationale des Mines.

A l'*Ecole nationale des Ponts et Chaussées* le cours d'économie

politique date de l'année 1846. Il a eu pour professeurs MM. JOSEPH
GARNIER et BAUDRILLART; ce dernier nommé en novembre 1881 est
mort le 23 janvier 1892 (1). M. Baudrillart a été remplacé par M. C.

---

(1) L'esprit et la méthode du cours de M. Baudrillart se trouvent dans son
Manuel d'économie politique; M. Baudrillart consacrait trois ou quatre leçons à l'étude des travaux publics. Voici, d'après la notice bibliographique de l'Académie des sciences morales et politiques, la liste des ouvrages de M. Baudrillart depuis 1882 :
17. *Lectures choisies d'économie politique*, précédées d'une préface et
accompagnées de notes, in-8°, XII-307 pages. Paris, Guillaumin, 1884. —
18. *Éducation morale et civique*, in-18, 257 pages. Paris, Lecène et Oudin,
1885. — 19. *Les populations agricoles de la France, Bretagne : passé et
présent*, in-8°, 292 pages. Paris, Hachette, 1885. — Deuxième volume
contenant les résultats de l'enquête. — 19 *bis*. Même ouvrage : *Nor-
mandie et Bretagne*, in-8° v-638 pages. Paris, Hachette, 1885. — 20. *Préface
de La politique du roi Charles V*, par Charles Benoist. Paris, Cerf (1886), in-16,
XX pages. — 21. *Les populations agricoles de la France : Maine, Anjou, Touraine, Poitou, Flandres, Artois, Picardie, Ile-de-France*, in-8° XII-643 pages,
Paris, Hachette, 1888. Avec un index analytique des matières contenues
dans ce volume et dans le volume décrit plus haut sous le numéro 19 *bis*.
— 22. *J.-B. Say : Économie politique*, in-32, LIV-198 pages. Paris, Guillaumin, 1888, Morceaux choisies de J.-B. Say précédés d'une introduction
historique. Petite bibliothèque française et étrangère. — *Populations agricoles (Rapport, etc.).* Flandre française, t. 117, pp. 309-331 et 550-519 (1882) ;
t. 118, pp. 208-228 et 449-476 (1882) — 29. *Populations agricoles (Rapport, etc.).*
Bretagne, t. 119, pp. 561-587 ; t. 120 pp. 823-846 (1883) ; 121, pp. 5-44 (1884) ;
t. 122, pp. 73-188 et 317-371 ; t. 123, pp. 117-142 (1887). — 30. *L'ami des
hommes* ou *Traité de la population par le marquis de Mirabeau*, t. 121, pp.
421-435. — 31. *Populations agricoles (Rapport, etc.).* Touraine, t. 124, pp.
627-654 et 785-807 (1885) ; t. 125 pp. 26-61 (1886). — 32. *L'administration de
l'hygiène publique en France et à l'étranger*, t. 124, pp. 745-750 (1885). — 33.
Rapport sur le concours relatif à la protection de l'enfance (Prix Beaujour),
t. 125, pp. 481-498. Inséré dans les *Mémoires de l'Académie*, t. XVI, p. 1089-
1110. — 34. *Socialisme d'État (Discussion sur le)*, t. 125, pp. 567-579. Inséré
dans les *Mémoires de l'Académie*, t. XV p. 969-983. — 35. *Populations agri-
(Raport, etc.).* Anjou, t. 126, pp. 676-707 et 804-838. — 36. *Populations agricoles (Rapport, etc.).* Poitou, t. 126 pp. 185-211 (1886) ; t. 127, pp. 161-198 et
516-551 (1887). — 37. *Populations agricoles (Rapport, etc).* Vendée, t. 126,
pp. 533-559 et 734-765 (1886). — 38. *Populations agricoles (Rapport, etc.).*
Maine, t. 128, p. 209 (1887). — 39. *Le luxe*, par E. de Laveleye, t. 128, pp.
400 et 725-732 (1887). — 40. *Populations agricoles (Rapport, etc.).* Ile-de-
France, t. 128, pp. 782-837 ; t. 129, p. 368 et 823 ; t. 130, pp. 367 (1888). —
41. *L'amélioration des logements d'ouvriers dans ses rapports avec l'esprit de
famille*. Rapport (Prix Bordin), t. 131, pp. 103-237 (1889). Tirage à part, in-8,
49 pages. Paris, Picard, 1889. — 42. *Populations agricoles (Rapport, etc.).*
Midi, t. 131, p. 657 (1889). — 43. *Populations agricoles (Rapport, etc.).* Pro-
vence, t. 132, pp. 145 et 709 (1889) ; t. 134, pp. 155, 485 et 817 (1890). — 44.
La natalité en France (Discussion sur), t. 133, p. 505 (1890). — 45. *Popula*

COLSON, maître des requêtes au conseil d'État (1). Ce cours se compose de trente à quarante leçons de une heure un quart chacune; s'adressant à de futurs ingénieurs des Ponts et Chaussées; il porte principalement sur les questions relatives aux travaux publics (2).

A l'*École nationale des mines* un cours d'*économie industrielle* a été créé en 1884; le professeur est M. CHEYSSON, inspecteur général des Pont-et-Chaussées, membre de la Société d'économie politique, ancien président de la Société de statistique et de la Société d'économie sociale, ancien directeur du Creusot. Ce cours, qui ne comprenait d'abord que dix leçons, s'est développé avec les années : il en comprend aujourd'hui trente. Après une leçon consacrée aux généralités, le professeur traite de la production des richesses (travail, capital, nature, industries et lieux), de la répartition (rente, intérêt, salaire, profit, rapports entre le capital et le travail), de la circulation (monnaie, commerce, transports), de la consommation et de sujets annexes à la consommation (statistique,

---

tions agricoles (*Rapport*, etc.). Basses-Alpes, t. 131, p. 649 (1890). — 46. *Populations agricoles* (*Rapport*, etc.). Vaucluse, t. 135, p. 177 (1891). — 47. *Populations agricoles* (*Rapport*, etc.). Alpes-Maritimes, t. 135, p. 515 (1891). — 48. *Populations agricoles* (*Rapport*, etc.). Languedoc, t, 135, p. 609 (1891). — 49. *Populations agricoles* (*Rapport*, etc.). Hérault, t. 136, p. 5 (1891). — 50. *Populations agricoles* (*Rapport*, etc.). Gard et Aude, t. 136, p. 281.

(1) M. Colson a publié dans les *Annales des Ponts et Chaussées* une étude sur l'*Organisation financière des ports maritimes de commerce en Angleterre* en 1888, *La garantie d'intérêts et son application en France aux travaux publics* en 1888. Il a publié aussi un volume, *Transports et tarifs*, qui reproduit à peu près le cours professé pendant sept ans par lui à l'*École des Hautes études commerciales.*

(2) Voici le programme de son cours en 1892-93. *Exposé général des phénomènes économiques.* — Les facteurs de la production (Travail, capital, agents naturels), et leur rémunération (salaire, intérêt, rente). L'échange et la valeur, théorie générale. Rôle essentiel de l'État.

Examen plus détaillé des questions se rattachant à chaque élément, savoir :

Travail. — Questions ouvrières, la population, l'assurance et l'assistance.

Capital. — Les diverses espèces : le prêt et le crédit, les associations et sociétés. — Transmission des capitaux par les successions.

Terre. — Propriété industrielle ; modes de tenure et de culture, crédit hypothécaire.

Commerce. — Protection et libre-échange. — Circulation monétaire et banques, crises.

Consommation. — Question du luxe.

Finances publiques. — La dette publique et les impôts.

Travaux publics. — Mesure de leur utilité. — Influence des péages. — Modes d'exécution, régime des concessions, tarifs des chemins de fer.

comptabilité, exploitation commerciale). Depuis deux ans le professeur a ajouté à son cours théorique des exercices pratiques de comptabilité pour familiariser les élèves avec des notions que la leçon ne suffit pas à préciser (1). Dans cette pratique M. Cheysson est assisté par M. DES ESSARS, chef de bureau à la Banque de France.

L'École centrale des arts et manufactures qui a eu pendant quelques années, un cours d'économie industrielle et d'économie rurale, n'en a plus depuis longtemps. MM. Cheysson, Gibon et Ch.

_____

(1) Voici, depuis 1882, les principales publications de M. Cheysson relatives à l'économie politique et à la statistique :

Le conseil supérieur de statistique en France (br. in-8o, 1882). *Répertoire méthodique de législation des routes, ponts, mines et navigation,* 1 vol. in-4, 1883. — *Statistique des cours-d'eau de France* (Ariège, Nièvre, Haute-Garonne), 3 vol. in-4. Publication annuelle de l'*Album de statistique graphique* publié par le ministère des travaux publics (13 vol. in-folio jusqu'en 1892.) Publication mensuelle du *Bulletin de statistique et de législation comparée* du ministère des *Travaux publics* (14 vol. de 1879 à 1886). — *Leçon d'ouverture du cours d'économie politique à l'École libre des sciences politiques* (br. in-8o, 1883). — *Le salaire au point de vue statistique, économique et social* (br. in-8o, 1884). — *La question de la population en France et à l'étranger* (br. in-8o 1885). — *Le capital et le travail* (conférence) (br. in-8o, 1885). — *La question des habitations ouvrières en France et à l'étranger* (conférence), (br. in-8o, 1886). — *L'hospice rural* (br. in-8o, 1886), — *La statistique géométrique* (conférence) (br. in-8o, 1887). — *Les cartogrammes à teintes graduées* (br. gr. in-8o, 1887). — *L'imprévoyance dans les institutions de prévoyance* (br. in-8o, 1888). — *Histoire d'un tableau statistique* (conférence) (br. in-8o 1888). — *L'assurance des ouvriers contre les accidents* (br. in-8o, 1888). — *Programme du cours d'économie industrielle professé à l'École nationale supérieure des mines* (br. in-8o, 1889). — *La législation internationale du travail,* (br. gr. in-8o 1890). — *L'organisation de l'assurance* (br. in-8o, 1889). — *Les budgets comparés des cent monographies de familles* (br. gr. in-8o, 1890. Prix Montyon de statistique, 1890). — *L'enseignement de la statistique* (br. in-8o, 1890). — *Les méthodes de la statistique* (conférence) (br. in-8o 1890). — *L'internationalisme dans les questions sociales* (br. in-8o, 1891). — *État présent de la question des accidents du travail en France* (br. in-8o 1891). — *Les caisses régionales de prévoyance* (br. in-8o, 1891). — *Les lacunes de la statistique et les lois sociales* (br. in-8o, 1891). — *Le foyer coopératif et l'assurance en cas de décès du coopérateur* (br. in-8o, 1892). — *Le congrès des accidents de Berne* (br. in-8o, 1892). — *Les questions ouvrières* (conférence d'ouverture à l'École libre des sciences politiques (br. in-8o, 1892). — *François Jacquemin, directeur de la Compagnie des chemins de fer de l'Est* (1 vol. in-8o, 1892). — *Rapport sur les institutions patronales à l'exposition d'Économie sociale de 1889* (br. in-8o, 1892). *La baisse du taux de l'intérêt et son influence sur les questions sociales* (1892). *Trois lois récentes sur les habitations ouvrières en Belgique en Autriche et en Angleterre* (1892).

de Comberousse se sont efforcés de faire rentrer cet enseignement dans le programme (1); leur projet a été jusque devant le conseil de l'École : il y a échoué. Nous le regrettons vivement et nous ne pouvons que répéter en 1892 ce que nous disions à ce sujet en 1882 : « Cependant les élèves sortis de l'École centrale sont destinés, dans des carrières très diverses, à traiter des intérêts économiques, à conduire des ouvriers, à diriger l'industrie : il serait désirable qu'il en connussent les lois. »

L'École libre des sciences politiques doit, eu égard à l'enseignement qui y est donné et aux étudiants qui le reçoivent, être placé sur le même rang que les grandes écoles de l'État; une partie des élèves qui les fréquentent suivent en même temps les cours de l'École de droit. Le fondateur et directeur de l'école est M. Emile Boutmy, membre de l'Institut. Les cours dans lesquels figurent des matières économiques au programme de l'année 1892-1893 sont au nombre d'une dizaine.

M. RENÉ STOURM, ancien inspecteur des finances, membre de la Société d'économie politique, occupe depuis 1884 la chaire de finances où ont professé avant lui MM. PAUL-LEROY-BEAULIEU, A. DE FOVILLE, LABOULAYE et LÉON SAY (2). Il divise son cours en deux années. Dans la première il fait l'étude détaillée du budget, de son mécanisme, de son histoire et de sa composition et il traite des questions générales d'impôt, impôt sur le capital, impôt sur le revenu, impôt progressif, impôt unique, impôt en nature, capitation, impôt sur les consommations, impôt sur la propriété. Dans la seconde il fait l'étude détaillée des divers impôts français et étrangers, et celle des ressources extraordinaires, emprunts, rentes, dette consolidée et flottante, papier-monnaie, conversion et amortissement, etc., (3).

M. DUBOIS DE LESTANG (4) inspecteur des finances, membre de la

---

(1) V. le *Génie civil*, n° du 23 mars 1889.

(2) Je transcris une note qui m'a été adressée par M. Stourm, « L'assiduité des auditeurs est remarquable. Tous, sans exception, écoutent avec une édifiante attention. J'ai entendu des étrangers qui avaient assisté aux cours des Universités allemandes et belges m'affirmer que l'Ecole des sciences politiques était seule à donner un si bel exemple : environ 120 à 150 élèves. »

(3) Voici les principales publications de M. Stourm : *Les finances de l'ancien régime et de la Révolution* (2 vol. in-8°, 1882). — *L'impôt sur l'alcool dans les différents pays* (1 vol. in-8° 1886). — *Le budget* (1 vol. in-8°, 1887 et 2e édition en 1891). — L'article impôt dans le *Dictionnaire d'économie politique* et la *Bibliographie des financiers du XVIIIe siècle* dans les *Annales de l'École libre des sciences politiques*.

(4) M. Dubois de Lestang a publié dans le *Dictionnaire d'économie politique*, les articles : budget, comptabilité publique, Gaudin, Mollien et J.-B. Say.

Société d'économie politique a remplacé en 1891 M. Machart, aujour-
d'hui inspecteur général des finances, dans la *conférence de finances*
que ce dernier faisait depuis l'année 1873. Cette conférence, qui a
lieu une fois par semaine, a pour objet l'étude détaillée et pratique
de l'administration financière en France et l'analyse du décret du
31 mai 1862 portant règlement général de la comptabilité publique.
Elle s'adresse particulièrement aux jeunes gens qui se destinent à la
carrière de l'inspection des finances. L'enseignement est réparti
entre deux années dont la première est consacrée à l'étude des
règles de comptabilité concernant les départements, les communes,
les établissements de bienfaisance, l'Algérie, les colonies, etc.

M. Plaffin, inspecteur des finances, est chargé d'une partie d'une
conférence de finances qui faisait d'abord partie du cours de
M. Machart et qui a été ensuite confiée de 1880 à 1886 à M. Carlier,
inspecteur des finances, puis, de 1886 à 1890, à M. Rœderer. M. Rœderer faisait à ses élèves un cours de deux années dont la première
était consacrée à l'étude des impôts, du timbre, de l'enregistrement et des domaines et la seconde à l'étude des douanes, des contributions indirectes, des postes et télégraphes. M. Plaffin suit le
même programme et, conformément à l'objet de la conférence qui
s'adresse principalement aux aspirants à l'inspection des finances
ou à la cour des comptes, il s'attache surtout à exposer les règles
de la législation fiscale, tout en éclairant le sujet par les raisons
théoriques et les circonstances historiques qui ont inspiré le législa-
teur. La conférence du professeur est complétée par une conférence
d'interrogations et de compositions écrites qui est dirigée par
M. Courtin, inspecteur des finances.

M. Henri Colmet-Daage, conseiller maître à la Cour des
comptes, membre de la Société d'économie politique, a fait
de 1878 à 1890, à raison de deux leçons par semaine, une conférence
ayant pour objet l'*Examen théorique et pratique des réglements de
comptabilité publique*. Cette conférence est confiée depuis 1890 à
M. Boulanger, conseiller référendaire à la Cour des comptes. Elle
comprend deux années, la première consacrée principalement
à la comptabilité de l'État et la seconde à la comptabilité des départements, communes, etc.

A l'époque de la fondation de l'École en 1871, une chaire d'*histoire des doctrines économiques depuis Adam Smith* avait été créée
par une dotation spéciale de M. Goldschmidt, puis, transformée en
1872 en chaire d'*économie politique*, M. Dunoyer, membre de la
Société d'économie politique, alors conseiller d'État, a été dès
l'origine, nommé professeur de cette chaire qui a repris, en

1882, le titre de cours d'*histoire des doctrines économiques* (1).

L'année suivante, en 1883, M. CHEYSSON, qui avait fait depuis un an un cours d'économie politique appliquée, a été nommé professeur de la chaire d'*économie politique* (2). Le cours de M. Cheysson alterne avec celui de M. Dunoyer.

M. CHEYSSON fait, en outre, des *conférences sur les questions ouvrières en France et à l'étranger*, qu'il a inaugurées le 12 janvier 1892 et qui sont un complément de son cours d'économie politique. Il les divise en deux parties, l'une relative à l'ouvrier envisagé dans son état normal de santé et de travail, l'autre relative aux crises de la famille ouvrière, (chômage, maladies, accidents, vieillesse, mort) (3). Il fait faire à ses élèves de l'École des sciences politiques, comme à ceux de l'École des mines, des visites dans des établissements industriels.

---

(1) Voici le programme du cours de M. Anatole Dunoyer en 1891-92 :

Economie politique. H. GOLDSCHMIDT

I. — Philosophie de l'économie politique. — Les définitions et les théorèmes en économie politique. II. — Premiers rudiments des doctrines économiques au XVIIIᵉ siècle. — Les Physiocrates. — Turgot. — Les doctrines économiques et la Révolution française. III. — Progrès et constitution des doctrines économiques : Adam Smith, théorie de la division du travail; J.-B. Say, théorie des débouchés; Ricardo, théorie de la rente; Malthus, théorie des lois de la population; Charles Dunoyer, théorie de la série progressive des états économiques ; doctrine des produits immatériels. IV. — Application des doctrines économiques. — Cobden et la Ligue. — La réforme économique en Angleterre. — Bastiat. — Les traités de commerce. V. — Contradictions. — Sismondi. — Carey. — Protectionnistes. — Socialistes.

(2) Voici le programme de ses leçons pour l'année 1892-93 :

Economie politique.

Introduction. — Besoins; Travail; Richesse; Utilité; Capital. *La statistique.* — Son rôle vis-à-vis de l'économie politique. I. — *Production.* — Travail : division du travail; Liberté du travail. — Capital : les machines. — La nature : la propriété; questions agraires. — Le classement des industries. — Le climat et les lieux. II. — *Répartition.* — Salaire. — Rente. — Intérêt. — Profit. — *Rapport entre le capital et le travail.* — Importance et caractères de l'harmonie. — Patronage. — Association. — Institutions de prévoyance. — Syndicats. — Grèves. — Collectivisme. III. — *Circulation.* — Echange; Valeur; Monnaie; Crédit; Banques. — Transports. — Commerce; Douanes. IV. — *Consommation.* — Consommations publiques et privées. — L'État; son rôle et ses limites. — L'impôt. — Les travaux publics.

(3) Voici le programme de ces conférences pour l'année 1892-93.

Les crises de la famille ouvrière. — Rappel de la première partie rela-

Depuis l'origine de l'École, M. E. LEVASSEUR faisait tous les deux ans un cours de *statistique ;* ce cours qui portait sur la théorie et l'histoire de la statistique sur la démographie et sur l'exposé des forces productives des nations, était suivi d'un cours sur le *commerce extérieur et le régime douanier de la France,* professé par M. A. DE FOVILLE. M. PIGEONNEAU faisait, d'autre part, un cours de *géographie commerciale.* La mort de M. Pigeonneau a conduit l'École à modifier ce programme et à réunir provisoirement pour l'année 1892-93 ce triple enseignement sous le titre de *géographie commerciale et statistique* (1).

M. ARNAUNÉ, chef de bureau de la statistique commerciale à la direction générale des douanes, fait une conférence sur *le commerce extérieur et la législation douanière* (2) qui a lieu une fois par semaine tous les deux ans et un cours également bisannuel sur *La monnaie* et le *crédit et le change* (3). M. RAPHAEL-GEORGES LÉVY fait

---

tive à la situation de l'ouvrier dans son état normal de travail et de santé. — Crises de la famille ouvrière : maladie, chômage, accidents, infirmités, vieillesse, mort. — Remèdes appliqués ou proposés en France et à l'étranger. — Systèmes en présence : action de l'Etat; du patronage; des intéressés; des mœurs.

(1) Voici le programme de ce cours nouveau :
Géographie commerciale et statistique. — Première partie, par M. LEVASSEUR. — (1er trimestre. *Une leçon par semaine*).
Les grandes routes de commerce et les principales marchandises dans l'antiquité et au moyen âge jusqu'à la découverte de l'Amérique. — Les grands marchés du monde de la découverte de l'Amérique jusqu'à l'ère des chemins de fer. — Coup-d'œil sur les grandes régions économiques du globe. — Les chemins de fer, leur histoire en Europe et aux Etats-Unis. État actuel dans le monde. — Les routes de terre et la navigation intérieure. — Les grands ports du monde. — La navigation à vapeur — État actuel de la marine marchande (voile et vapeur). — Le commerce comparé des grands États du monde.
Deuxième partie, par M. A. DE FOVILLE. — (2e trimestre. *Une leçon par semaine*).
Productions principales, grandes industries et commerce international : Les céréales. — La viande. — Les boissons. — Les matières premières. — Combustibles, textiles, métaux, etc. — Or et argent. — Régime économique et richesse comparée des principaux États.
(2) *Commerce extérieur et législation douanière.* Ce cours a été fondé en 1878-79, par M. A. DE FOVILLE, professé en 1880-81 et 1882-83 par M. Cl. JUGLAR, en 1884-85 et 1885-86, par M. A. DE FOVILLE, et depuis 1888-89 par M. ARNAUNÉ.
Programme de 1892-93 : Transformations successives du système commercial de la France. — Le commerce extérieur au XVIIe XVIIIe XIXe siècles. — Législation douanière. — Tarifs. — Tableaux du commerce extérieur.
(3) Ce cours, ouvert en 1885-86 comme cours libre par M. ARNAUNÉ, consolidé en 1887-88 et annexé à la section coloniale, est compris aussi

aussi une fois par semaine une conférence sur les *affaires de banques* (1).
M. PAUL LEROY-BEAULIEU, fait une conférence sur les *systèmes coloniaux* (2). La conférence de M. Lévy est accompagnée d'exercices
pratiques de comptabilité des banques que dirige M. DES ESSARS,
chef du bureau des études économiques à la Banque de France. Une
conférence sur la *Législation ouvrière en France* est faite par M.
GEORGES PAULET, chef de bureau au ministère du commerce.

---

depuis 1889-90 parmi les cours de la section économique et financière. Il
est biannuel. Voici le programme de l'année 1891-92 :

Mécanisme de l'échange. — Circulation au comptant, crédit.

Le change. — Créances internationales, interprétation du cours des
changes étrangers.

La monnaie et les métaux précieux. — Principaux systèmes. Dépréciation
de l'argent. Question de l'enchérissement de l'or.

Le crédit. — La lettre de change. Le billet de banque. Le chèque, les
clearing-houses. Les compensations internationales.

(1) Le cours de M. R.-G. Lévy a été fondé en 1890, comme cours complémentaire; en 1891 il a été consolidé, c'est-à-dire admis parmi les cours
réglementaires de l'école. Le cours est biannuel.

Voici le programme de 1892-93 :

Affaires de banques.

Généralités. — Utilité du cours. — Historique. — Idées fondamentales
sur lesquelles repose la banque. — Théorie de l'intérêt de l'argent. — Description des principales opérations de banque. — Comptabilité. — Lettre
de change. — Théorie du change. — Questions monétaires. — Double
et simple étalon. — Billet de banque. — Cours forcé. — Banques
d'émission. — Revue des principales banques d'émission du monde. —
Banques particulières : banques de dépôt et associations financières. —
Étude de bilans. — Banques foncières. — Revue sommaire et description
des diverses catégories de titres mobiliers. — Rapports de la banque et
de la Bourse. — M. Lévy a publié depuis 1882, *Le Péril financier*, 1 vol. in-8°
chez Cerf et Cie ; des articles sur les questions de monnaie et de marché
financier dans l'*Économiste français* et dans le *Monde économique*. Une
étude sur le *Relèvement du marché financier Français* en collaboration avec
M. Jacques-Siegfried. Une *Étude sur les finances russes : le passé, le présent et
l'avenir*.

Voici, d'autre part, le programme de l'année 1890-91 :

*Des opérations de banque, Considérations générales : Rôle économique des
banques et des bourses*.

I. *Banques*. — Mécanisme d'une banque. — Analyse des principales opérations de banque. — Banques mobilières et foncières. II. *Bourses*. —
Bourse de Paris. — Bourses étrangères. — Étude sommaire des principaux
types de valeurs qui se traitent sur les marchés financiers de Paris et de
l'étranger. — Analyse des cotes des bourses.

(2) *Systèmes coloniaux*, (programme de 1892-93) : Des systèmes coloniaux
des principaux pays : Espagne, Portugal, Angleterre, Hollande, France.

M. P. GUIEYSSE (1), qui avait fait en 1891 dix conférences sur les *Assurances sur la vie* (2), doit faire en 1892-93 des conférences sur les *caisses de retraites et sociétés de secours mutuels.*

Nous avons dit (3) que l'*Ecole supérieure de commerce* était la première école (après le Conservatoire des arts et métiers qui n'est pas une école) où ait été professé un cours dit d'économie industrielle d'abord, puis d'économie politique, qui ait subsisté jusqu'à nos jours. Après la mort de M. *Ameline de la Briselainne*, M. A DELATOUR, membre de la Société d'économie politique, aujourd'hui chef de service du contentieux au ministère des Finances et agent judiciaire du Trésor, a été nommé professeur en janvier 1890 (4). Le cours, qui dure une année, s'adresse aux élèves de troisième année. Le cours de *géographie commerciale* et celui du *commerce* sont faits, depuis la mort de M. PÉRIGOT par M. DHOMBRES, professeur d'histoire au lycée Henri IV. M. CH. RENAULT, docteur en droit, membre de la Société d'économie politique, est chargé du cours de *droit fiscal et douanier* et, depuis 1892, d'une conférence de *législation ouvrière* (5). L'école supérieure

(1) M. P. Guieysse, député, a publié, en 1889, à l'occasion de l'Exposition universelle une *Etude sur les retraites dans les sociétés de prévoyance*, et en outre, plusieurs articles dans la *Revue des institutions de prévoyance*. Il est un des fondateurs de l'Institut des actuaires français.

(2) Voici le programme de ces conférences.

Généralités sur les caisses de retraite. — Tables de mortalité. — Calcul élémentaire des annuités viagères. — Conditions de fonctionnement des caisses de retraites. — Examen théorique des divers systèmes de caisses de retraites ouvrières. — Sociétés de secours mutuels : but, budget, fonctionnement, réglementation. — Diverses branches, maladies, décès, retraites ; rapports entre elles. — Fonds commun et livret individuel. — Établissement du bilan.

(3) *Résumé historique de l'enseignement de l'économie politique*, 1882.

(4) M. A. Delatour a publié *Adam Smith, sa vie, ses travaux, ses doctrines*, ouvrage couronné par l'Académie des sciences morales et politiques (1 vol. in-8°, 1886). — *L'impôt* (extrait du *Dictionnaire des finances*). Il a obtenu un prix 1887) à l'Académie des sciences morales et politiques pour un mémoire sur l'incidence de l'impôt, qu'il n'a pas publié.

(5) Voici le programme du cours de *Législation ouvrière*: I. Organisation générale du travail : 1° Liberté du travail ; 2° Coalitions ; 3° Syndicats ; 4° Corps consultatifs de l'industrie ; chambres consultatives des arts et manufactures, conseil supérieur du commerce et de l'industrie, Comité consultatif des arts et manufactures ; Conseil supérieur du travail, office du travail, Commission supérieure du travail (loi du 2 novembre 1892), etc. — II. Réglementation particulière du travail : 1° Travail industriel des femmes, des filles mineures et des enfants ; 2° Travail industriel des adultes ; 3° Travail dans les mines ; 4° Établissements dangereux, insalubres et incommodes. — III. Contrats industriels : 1° Apprentissage ;

de commerce admit jusqu'en 1889 un certain nombre d'étrangers aux familles desquels convenait ce genre d'études et le régime de l'internat ; il est regrettable que l'examen d'entrée s'imposant à tous les élèves ait écarté, en grande partie, cette clientèle.

L'*Ecole des hautes études commerciales*, fondée en 1881, qui appartient à la Chambre de commerce de Paris comme l'Ecole supérieure de commerce, doit nécessairement, pour conduire ses élèves vers le but qu'elle se propose, consacrer plusieurs cours aux matières économiques. Le cours d'*économie politique* s'adresse aux élèves de première année ; il comprend trente leçons qui portent sur les notions préliminaires, la production, la circulation, la répartition, la consommation et la population, à l'exclusion de l'impôt, des douanes, des questions ouvrières et des questions de transport qui sont l'objet de cours spéciaux. Depuis la création de l'établissement, le professeur est M. Frédéric Passy, membre de l'Institut, président de la Société d'économie politique (1).

L'économie politique a reçu en vertu des programmes sanctionnés par le ministre du commerce quelques développements nouveaux sur la législation ouvrière et la législation douanière et budgétaire.

2° Louage de service ; 3° Louage d'ouvrage ; 4° Assurances. — IV. Institutions de prévoyance : 1° Sociétés de secours mutuel et caisses de retraites ; 2° Caisse des retraites pour la vieillesse ; 3° Caisses d'épargne. — V. Institutions tendant à améliorer la condition des ouvriers : 1° Participation 2° Coopération ; 3° Habitations ouvrières. — VI. Juridictions ouvrières 1° Prud'hommes : 2° Arbitrage.

(1) Voici, d'après la notice bibliographique de l'Académie des sciences morales et politiques, les publications de M. Frédéric Passy, depuis 1882. 31. *La liberté individuelle*, in-8°, 18 pages, 1881. — 32. *Ricardo et sa doctrine*, in-8°, 1883. — 33. *Coup d'œil sur l'histoire de l'économie politique*, in-8°, 21 pages, 1883. — 34. *Notice sur Laboulaye*, in-8°, 65 pages, 1884. — 35. *La question du latin*, in-8°, 30 pages, 1886. — 36. *L'idée de Dieu et la liberté*, in-12, 57 pages, 1888. — 37. *Les fables de La Fontaine*, in-8°, 36 pages, 1888. — 38. *L'école de la liberté*, in-8°, 79 pages, 1890. — 39. *Le devoir social*, in-8°, 16 pages, 1860.

3. *Les fêtes foraines*, 1882. — 4. *Le vrai et le faux amour*, 1884. — 5. *Jean Dolfus*, 1888. — 6. *Malthus et la véritable notion de la bienfaisance*. — 7. Observations sur *La question des tours*. — *Le luxe*. — *La propriété primitive*. — *Le rôle de l'État dans la situation des ouvriers*. — *Le régime des prisons*. — *La population*. — *La science et l'art en économie politique*. — *Le Code de commerce*. — 8. Compte rendu : *Sur une colonie française en Allemagne et les origines de la forme républicaine aux États-Unis*. — 9. Compte rendu : *Sur diverses publications relatives à la propriété et au communisme d'État*. — 10. — Président en 1890. *Discours* en prenant possession du fauteuil, le 4 janvier 1890, en le quittant le 8 janvier 1891. — 11. *Discours et notices nécrologiques* : *Fustel de Coulanges, le comte Daru, Édouard Charton*.

A prononcé à la Chambre de 1881 à 1889, de nombreux discours, dont

La *Géographie économique* est enseignée en première année (40 leçons) par M. LANIER, professeur au lycée Janson de Sailly, et en seconde année (45 leçons), par M. QUESNEL, professeur à l'École Monge. L'*histoire du commerce* en seconde année (20 leçons) est professée par M. OCTAVE NOEL (1), administrateur de la Compagnie

---

un grand nombre furent tirés à part, par exemple : *Discussion sur le tarif des douanes en ce qui concerne le bétail* (14 et 16 mars 1884). *Discussion de crédits extraordinaires pour le Tonkin et Madagascar* (22 décembre 1885). *Budget général des dépenses et recettes de l'exercice* 1888 (séance du 26 janvier 1886). *Question au sujet du différend turco-grec* (séance du 20 avril 1886). *Événements de Decazeville* (séance du 13 mars 1886). *Projet de loi sur l'expulsion des familles ayant régné en France* (séance du 11 juin 1886). *Discussion du tarif général des douanes : blé, avoine et farine* (séances des 20 février, 6 et 13 mars 1887). *Accidents des ouvriers dans le travail* (séances des 25 et 26 juin, 2, 5, 7, 10 juillet 1888).

A prononcé de nombreux discours de distributions de prix, imprimés soit à part, soit dans les palmarès de ces distributions, entre autres dans plusieurs lycées de Paris, à l'école Bertrand à Versailles, aux écoles de Saint-Germain, de Chaville, etc.

Depuis 1867, participation active aux travaux des Sociétés de la paix et d'arbitrage international. Exposé de principes; rapports et discours en France, en Angleterre, en Belgique et en Suisse.

Conférences très nombreuses sur les diverses questions économiques et sociales.

(1) Le cours d'histoire du commerce a eu pour professeur M. Fernand Raoul — Duval qui a professé pendant les deux premières années et auquel a succédé M. Noel. Le nombre des élèves, qui était d'une cinquantaine, s'est élevé à plus de quatre-vingts depuis le décret du 22 juillet 1890 qui a classé l'École des hautes études au nombre des écoles supérieures. Les élèves, qui sont tenus d'assister très régulièrement aux cours, subissent deux examens, le premier a lieu dans le cours de l'année, l'autre à la fin de l'année, devant un jury chargé de délivrer les diplômes. Le cours comprend, comme celui de l'École supérieure de commerce, l'histoire depuis l'antiquité jusqu'aux temps les plus récents.

Voici la liste des travaux publiés depuis 1882, par M. O. Noël :

Le socialisme d'État et les questions économiques en France. Guillaumin et Cie. 1882. — *Le réseau de l'État et le budget,* Guillaumin et Cie. 1882. — *Conséquences financières et économiques des conventions de 1859 avec les grandes compagnies,* 1883. — *L'achèvement du réseau et les conventions avec les grandes compagnies,* 1883. — *Les nouvelles conventions entre l'État et les grandes compagnies,* 1883. — *Les chemins de fer d'intérêt local,* 1883. — *Le réseau de l'État et le déficit,* 1884. — *La question des tarifs de chemin de fer,* 1884. — *La question monétaire et l'union latine,* 1884. — *Étude historique et économique sur les chemins de fer en France et à l'étranger,* in-8°, Berger-Levrault, 1888. — *Étude historique et économique sur les banques d'émission en Europe,* 1 vol. in-8°, avec planches, Berger-Levrault et Cie, 1889. — *Histoire du commerce du monde depuis les origines,* grand in-8°, orné de 22 planches, 1er vol., *Antiquité, moyen-âge,* Plon et Cie 1891. Le 2e volume

des Messageries maritimes ; la *législation commerciale, maritime et industrielle*, en première (35 leçons) et en deuxième année (50 leçons), par MM. BEAUREGARD, CHAVEGRIN, LE POITTEVIN, LYON-CAEN, LÉON MICHEL, RENAULT, professeurs à l'Ecole de droit (les professeurs de l'Ecole de droit font leur cours tous les deux ans et se partagent les matières à leur gré) ; en 1892-93, MM. Chavegrin et Le Poittevin feront chacun la moitié des leçons en première année ; en deuxième année, M. Beauregard traitera du droit commercial et du droit maritime, M. Léon Michel du droit industriel.

Le cours sur les *législations commerciales étrangères*, est professé en seconde année (20 leçons), par M. BLADÉ, consul de France membre de la société d'économie politique ; la *législation ouvrière* l'est en seconde année (10 leçons), par M. SARRUT, avocat général à la Cour de cassation ; la *législation budgétaire et douanière*, en seconde année (25 leçons), par M. LETORT questeur de la société d'économie politique. En 1888, M. CHEYSSON a fait à l'Ecole des Hautes études commerciales, une série de conférences sur la *méthode de statistique géométrique*.

Il existe en France des écoles supérieures de commerce (autres que l'École supérieure du commerce à Paris et l'École des hautes études commerciales) reconnues par l'État, conformément au décret du 31 mai 1890, dont les programmes ont été révisés par une commission instituée au ministère du commerce et approuvés en 1891 par le ministre parce que, le diplôme de ces écoles conférant désormais certains avantages pour le service militaire, l'État exerce son autorité sur le cours normal et sur les examens. Les programmes se sont aujourd'hui plus développés qu'ils n'étaient antérieurement. Il nous semble que dans le programme d'économie politique proprement dite, amélioré à quelques égards, certaines questions secondaires, comme la colonisation, ont pris trop d'importance et que la législation ouvrière et la législation fiscale et douanière qui sont des applications de l'économie politique ou de la législation pure auraient été mieux placées après l'enseignement des principes de la science. La législation fiscale et douanière nous paraît particulièrement être une matière trop spéciale, quoique utile à des commerçants pour comporter une année de cours.

L'Ecole supérieure de commerce et d'industrie de Bordeaux a, parmi ses cours normaux, c'est-à-dire parmi les cours supérieurs dont les programmes sont approuvés par le ministre, un cours de

de la Renaissance à la Révolution française, sous presse (l'ouvrage aura quatre volumes). — *Étude sur la Banque de France*, in-8°, avec planches. Berger-Levrault.

géographie économique en première et en deuxième année, un cours
de *l'histoire du commerce et statistique du commerce* en deuxième
année, un cours de *législation commerciale maritime et industrielle*
en première et deuxième années, un cours de *législation ouvrière,
législation fiscale et douanière et économie politique* en première et
en deuxième année. Ce dernier cours, qui ne comprend qu'une leçon
par semaine, fait une place trop restreinte à l'économie politique
proprement dite.

L'*Ecole supérieure de commerce du Havre* possède exactement
les mêmes cours, répartis d'une manière un peu différente entre les
deux années.

L'*Ecole supérieure de commerce de Marseille* ne possède pas de
cours d'histoire du commerce, mais possède les trois autres cours.

L'*Institut commercial de Paris* les possède tous les quatre:
M. E. CHEVALLIER est chargé du cours d'*économie politique* et des
trois autres cours depuis la fondation de l'école, c'est-à-dire depuis
1884. Les cours ont lieu une fois par semaine et durent deux ans.

L'*Ecole supérieure de commerce de Lyon* a un cours d'économie politique, depuis l'année 1872, date de sa fondation; le cours,
qui dure un an à raison de deux leçons d'une heure par semaine et
qui est obligatoire pour les élèves de la dernière année d'études,
est fait, depuis l'origine, par M. HENRI GIRARDON (1). M. Aynard a
institué un concours d'économie politique entre les anciens élèves de
l'école auquel est attaché un prix de 500 francs; ce concours paraît
donner en général d'assez bons résultats.

A *Lille*, une *école commerciale* a été tout récemment fondée; le
cours d'*économie politique* sera professé à partir de l'année 1893,
par M. HOUQUES-FOURCADE, professeur à la Faculté de droit et
membre de la société d'économie politique.

A l'*Institut national agronomique*, fondé en 1876-1877, ont été
instituées, depuis janvier 1882, des Conférences d'*économie politique*
au nombre de vingt par an, d'une heure et demie chacune. Le professeur est M. E. CHEVALLIER, membre de la Société d'économie poli-
tique(1). Le professeur fait un exposé sommaire des principes généraux

(1) « Je m'efforce surtout, dit le professeur de développer dans les jeunes
esprits auxquels je m'adresse les idées libérales trop peu en honneur
aujourd'hui. »

(1) Voici les publications de M. Chevallier : *Les salaires au XIXe siècle* :
ouvrage couronné par l'Institut (un volume in-8°, 1887). — *De l'assistance
dans les campagnes*, (ouvrage couronné par l'Institut) avec une préface de
M. Léon Say. (1 volume 1889). *Rapport sur la section de l'exposition d'économie sociale de 1889*. (Grande et petite industrie; grande et petite culture).
Dans le *Dictionnaire d'économie politique*, les articles : Assistance, Bureaux

de la science en s'aidant des ressources de la statistique pour établir ses démonstrations. A la fin de l'année scolaire les élèves subissent un examen sur l'économie politique qui est généralement satisfaisant. Avant l'institution de ces conférences et dès l'origine de l'école, avait été créé un cours d'*économie rurale* dont l'enseignement a été confié à M. LECOUTEUX (1). Lorsque celui-ci a pris sa retraite en 1890, un concours a été ouvert à la suite duquel M. CONVERT, alors professeur à l'école d'agriculture de Montpellier, a été nommé à sa place. Le nouveau professeur, tout en laissant aux conférences d'économie politique l'exposé dogmatique des principes de la science, aborde, en mainte occasion, ces principes lorsqu'il traite des questions d'économie rurale relatives à la propriété, au fermage, à l'emploi du capital, à la rémunération du travail, etc. (2)

Les *Ecoles nationales d'agriculture* ont des cours d'*économie et de législation* professés, à *Grignon* par M. DUBOST jusqu'en 1891, et, depuis cette année par M. ZOLLA ; à *Grand Jouan* par M. JOUZIER ; à *Montpellier* par M. F. BERNARD.

Le cours de *législation* et d'*économie politique* de l'*Ecole Mathieu-Dombasle* a pour professeur M. PUTOR.

Chacune des trente-six *écoles pratiques d'agriculture* possède un cours d'*économie rurale* professé par un ancien élève de l'Institut agronomique ou des école nationale d'agriculture.

A *Poitiers*, la Faculté des sciences a organisé un enseignement supérieur d'agriculture subventionné par la ville et par le département ; M. *Brissonnet*, professeur d'économie politique à la Faculté de droit, est chargé du cours semestriel d'*économie politique rurale* (3).

A l'*Ecole nationale forestière de Nancy*, M. PUTOR, directeur de

de bienfaisance, Colonies agricoles, dépôts de mendicité, Enfance (assistance et protection de l'), Hôpitaux et hospices, Mendicité, Médecine gratuite, Paupérisme, Taxe des pauvres.

(1) M. Lecouteux a publié le *Cours d'économie rurale* (2 vol. in-12).

(2) M. Convert a publié *La propriété, constitution, estimation, administration* (1 vol. in-8°, 1885, *Les entreprises agricoles, organisation et direction, capital, travail et crédit*, (1 vol. in-8°, 1890), — *La production agricole, son évaluation, sa répartition* (broch. 1890).

(3) Voici le programme de ce cours :

Industrie agricole. — Importance. Comparaison avec les autres industries. — CHAPITRE Iᵉʳ. — *Production de l'industrie agricole.* — (a) Les modes de culture. Culture extensive, intensive. Petite, moyenne, grande culture. — (b) Les modes de gestion. Faire-valoir direct. Métayage. Fermage. Emphytéose, Association. — (c) La valeur du sol et de son rendement. Valeur du sol. Valeur du rendement annuel. — (d) Les crises agricoles. Plainte. Mal. Causes. Remèdes. — CHAPITRE II. — *Institutions agricoles publiques et*

l'école, fait un cours d'*économie forestière* dans lequel il traite de certaines questions d'économie politique.

L'*Ecole coloniale*, qui existait depuis 1885 sous forme restreinte, a été réorganisée par décret du 23 novembre 1889. Les élèves suivent, outre les cours faits à l'intérieur de l'école, un certain nombre de cours où sont traitées des matières économiques ; celui de M. Lé-veillé à l'Ecole de droit sur les *systèmes coloniaux étrangers*, celui de M. Louis Vignon, sur la *colonisation française* qui a été fait l'an-née dernière dans une des salles de l'Ecole de Droit ; celui de M. Petit sur l'*organisation des colonies.*

Le fondateur de l'*Ecole spéciale d'architecture* M. Trélat avait pensé que l'enseignement de l'*économie politique* était un complé-ment d'instruction utile pour des architectes ; aussi y avait-il institué ce cours qui, depuis l'origine, a été professé par M. Courcelle-Se-neuil, membre de l'Institut, mort en juin 1892.

Il y a, à l'*École professionnelle supérieure des postes et télégra-phes*, un cours d'*économie politique et de statistique*, professé par M. Arnauné, qui a eu lieu d'abord tous les ans, puis ensuite tous les deux ans afin de laisser plus de place aux cours techniques.

A côté des cours de l'enseignement supérieur, il est juste de citer les sociétés savantes dans lesquelles on traite spécialement des ques-tions d'économie politique et de statistique et qui constituent une sorte de cours de haut enseignement mutuel ; les plus importantes sont : à Paris la *Société d'économie politique*, la *Société d'économie sociale*, et la *Société de statistique* ; à Lyon la *Société d'économie po-litique* ; à Bordeaux la *Société d'économie politique* ; à Lille la *So-ciété d'économie politique et de statistique*, à Saint-Étienne la *Société d'études économiques*, etc. Il convient de citer aussi l'*Académie des sciences morales et politiques* dont une des cinq sections porte le titre de section d'économie politique, statistique et finances et qui, par les communications qu'elle reçoit, les discussions qu'elle ouvre, et les concours qu'elle propose, contribue à l'avancement de la science économique.

Conférences et cours populaires.

La Société de statistique de Paris qui, depuis son origine, se propo-sait, conformément à un des articles de ses statuts, de créer un

privées. — (a) Acquisition du capital. Crédit foncier. Crédit agricole mobi-lier. Crédit populaire. — (b) Conservation du capital. Assurances contre les incendies. Assurances contre la grêle. Assurances contre la mortalité des bestiaux. — (c) Bienfaits et charges de l'Etat. Bienfaits juridiques : Affranchissement du sol. Protection de la propriété. Translation de la pro-priété. Bienfaits administratifs : Enseignement agricole. Subventions. Bien-faits économiques : Droits de douane. Charges. Impôts.

enseignement de statistique, a organisé une série de conférences qui ont été faites de 1883 à 1885, le soir, à la salle Gerson ou au siège de la Société (rue de Grenelle); MM. LEVASSEUR, CHEYSSON, LAFABRÈGUE, DE FOVILLE, GIMEL, LOUA, ERN. BRELAY, MARX, BERTILLON, JUGLAR, YVERNÈS, etc., y ont traité des sujets divers; mais, malgré l'affluence qu'avaient attirée quelques orateurs, le peu d'empressement qu'a montré en général le public découragea la société de continuer cette entreprise.

Elle a mieux réussi en 1889, lorsque le ministre de la guerre eut appelé l'attention du Comité de l'intendance sur l'intérêt qu'il y aurait à donner aux aspirants à l'intendance quelques notions de statistique et de géographie économique relatives à l'approvisionnement des armées. Ce comité se mit en rapport avec M. Cheysson d'abord, puis avec la Société de statistique qui confia à une commission composée de MM. Levasseur, Cheysson, de Foville, Bertillon et Pigeonneau le soin d'organiser une série méthodique de conférences dont l'ensemble répondrait au vœu exprimé par l'intendance. Ces conférences, au nombre de quatorze, ont eu lieu le soir dans la salle d'escrime de la Réunion des officiers (rue de Bellechasse), du 23 novembre 1889 au 1ᵉʳ mars 1890. Voici le sujet de ces conférences : 1° Généralités sur la statistique : *La statistique, son objet et son histoire*, par M. E. LEVASSEUR; *Les méthodes de la statistique* par M. CHEYSSON, *Organisation des bureaux de statistique en France et à l'étranger*, par M. BERTILLON; 2° Statistique et géographie économiques; *Les céréales en France et à l'étranger*, par M. E. LEVASSEUR; *Le sucre et le sel dans le monde*, par M. DE FOVILLE; *Le vin dans le monde*, par M. DE FOVILLE; *La production et le commerce de la viande dans le monde*, par M. ZOLLA; *Les régions agricoles de la France*, par M. PIGEONNEAU; *Le commerce de la France*, par M. PIGEONNEAU; *Les transports par routes, canaux et chemins de fer en France*, par M. CHEYSSON; *Les forêts et le commerce de bois en France*, par M. MÉLARD; *Le fer et l'acier en France*, par M. KELLER; *L'industrie textile en France*, par M. PIGEONNEAU. En 1891, ces conférences ont été réunies en un volume sous le titre de *Conférences sur la statistique et la géographie économiques faites en 1889-1890 à la Réunion des officiers sous les auspices de M. le ministre de la Guerre et de la Société de statistique de Paris* (1).

L'économie politique figure au nombre des matières enseignées

---

(1) Voici le commencement de la préface : « M. le ministre de la guerre, désireux de répandre dans l'armée les connaissances spéciales qui touchent à la statistique industrielle et commerciale, a invité le Comité technique

dans les *cours commerciaux* de la Ville de Paris que le conseil municipal a institués pour les hommes et pour les femmes. Nous avons dit (1) que c'était M\ll\e *Malmanche* qui avait eu le mérite de les introduire dans l'enseignement des femmes. Ces cours, dont l'origine remonte à l'année 1878, se divisent en degré élémentaire et degré supérieur. Les cours du degré supérieur sont faits rue Volta, le soir sous la direction de Mlle *Caillard*; une heure par semaine y est donnée au *droit usuel* et une heure à l'*économie politique* : deux ordres de connaissances que le professeur, M. Ch. Renault, déclare avec raison n'être pas plus déplacées dans l'enseignement des femmes qui se destinent aux affaires que dans celui des hommes.

Des trois grandes associations parisiennes qui font des cours du soir pour l'instruction des adultes, l'*Association philotechnique* est la seule, à notre connaissance, qui donne un enseignement régulier de l'*économie politique*. Elle le fait dans deux sections, celle du lycée Condorcet où le cours date de 1880 et est professé par M. Vigouroux et celle du lycée Charlemagne où le cours date de 1883, et est professé par M. du Vivier de Streel. Nous avons dit comment l'Association polytechnique avait donné l'exemple de cet enseignement en 1864 (2). L'Union française de la jeunesse n'a pas introduit jusqu'ici dans ses programmes une matière qu'elle croit trop abstraite pour ses auditeurs (3).

M. Alph. Courtois, (4) secrétaire perpétuel de la Société d'économie politique, a fait, sous les auspices de cette même Association philotechnique, un cours triennal d'*économie politique* dans lequel, s'inspirant des principes généraux établis par les maîtres de la science, il

---

de l'intendance à lui soumettre des propositions tendant à vulgariser cette étude, aussi intéressante qu'utile.

« S'inspirant des instructions ministérielles, le Comité s'est mis en rapport avec la Société de statistique de Paris ; il a été assez heureux pour pouvoir proposer, de concert avec celle-ci, un projet de conférences... »

(1) Voir *Résumé historique* 1882.

(2) *Résumé historique*, 1882.

(3) Cependant les cours de l'*Association philotechnique* ont, sans attirer une grande affluence, eu un auditoire suffisant pour intéresser le professeur; 37 à 13 auditeurs dans un cours et 17 à 16 dans l'autre.

(4) Voici les publications de M. Alph. Courtois depuis 1882 :

Histoire des Banques en France (2e édition) Un vol. grand in-8°, avec portrait de J. Law, gravé par G.-F. Schmidt, d'après Hyac. Rigaud. — *Défense de l'agiotage*. Paris in-18, 4e édition 1882. — *Manuel des fonds publics et des sociétés par actions*, 8e édition complètement refondue et considérablement augmentée. Un gros volume de près de 1.400 pages, gr. in-8, Paris, 1883. — *Histoire critique des systèmes socialistes*. Leçon d'ouverture du cours d'économie politique. gr. in-8°. Paris, 1884. — *Anarchisme*

a traité successivement de l'économie politique théorique (1re année), de l'histoire (2e année) comprenant l'histoire de l'économie politique ou *de la vérité* et l'histoire du socialisme *ou de l'erreur*, de l'économie politique appliquée (3e année). Ce cours avait lieu le lundi soir à la mairie du IXe arrondissemet (rue Drouot). Depuis la fin de l'année 1890, le professeur a interrompu ce cours.

A cette dernière mairie sont installés les cours du *Comité d'encouragement des études commerciales en France* (fondation Bamberger) dont plusieurs se rapportent directe- ment ou indirectement aux matières économiques : cours de *droit commercial* professé par M. L. RENAULT, professeur à la Faculté de droit, cours de *géographie commerciale* professé par M. PIGEONNEAU dès l'ouverture des cours et aujourd'hui par M. DUBOIS, maître de conférences à la Faculté des lettres, cours supérieur de *comptabilité* et de *tenue des livres* professé par M. DAUNAY, d'après la méthode de MM. Léautey et Guilbault. Ces cours ont une centaine d'auditeurs. Pendant trois ans (1888-1891) M. RAPHAEL-GEORGES LÉVY a fait dans le même local et sous les auspices de la même association un cours de *finance pratique* portant sur les banques, les chemins de fer, les valeurs de bourse françaises et étrangères, le crédit hypothécaire, l'organisation des bourses.

La *Société d'économie politique de Lyon* a fondé un cours public d'*économie sociale* qui figure parmi les cours de l'*enseignement professionnel*, et que suit une vingtaine d'auditeurs ou d'auditrices. M. BLETON a fait pendant plusieurs années ce cours qui est professé aujourd'hui par M. DE S. CHARLES.

A *Bordeaux*, la *Chambre de commerce* a fondé, en 1872, un cours d'*économie politique*, cours du soir, public et gratuit, qu'elle a confié

---

théorique et collectivisme pratique. Paris, 1 vol. in-32, 1885. — *Le centenaire de Charles Dunoyer*, Paris, gr. in-8°, 1886. — *Le centenaire de Pellegrino Rossi*. Paris, gr. in-8° 1886. — *Notice sur la vie et les travaux de Frédéric Bastiat*. Paris, gr. in-8°, 1888. — *Traité des opérations de bourse et de change*, XIIe édition romantée et augmentée. Un volume gr. in-18. Paris, 1892. — *Notice sur la vie et les travaux de Michel Chevalier*. Paris, gr. in-8°, 1889. — *Banques populaires (Associations coopératives de crédit)*. Un volume gr. in-18. Paris, 1890. — *Anniversaire du centenaire de la mort d'Adam Smith*. Lecture à la Société d'économie politique (séance du 5 juillet 1890). Paris, gr. in-8°. — *Notice sur J. E. Horn*. Lecture à la Société d'économie politique (séance du 5 avril 1891). Paris, gr. in-8°. — *Notice sur la vie et travaux économiques de Simonde de Sismondi*. Lecture faite à l'Académie des sciences morales et politiques (séances des 15 et 29 octobre 1892). Paris, in-8°. a collaboré au *Dictionary of political economy*.

à M. LESCARRET, alors secrétaire de la mairie, aujourd'hui correspondant de l'Institut et membre de la société d'économie politique. M. Lescarret fait encore ce cours dont il avait d'abord réparti les matières en deux années et qu'il résume maintenant en une année, parce que les leçons, faites principalement pour des jeunes gens de commerce qui ont peu de temps à donner à l'étude, doivent avoir un caractère élémentaire. Indépendamment de la leçon hebdomadaire, le professeur réunit ses élèves dans une conférence qui a lieu aussi une fois par semaine et, tous les quinze jours, il admet les plus assidus, au nombre d'une douzaine, à un concours écrit et oral (1). En 1891, M. Lescarret, invité par les syndicats professionnels à s'adresser spécialement aux ouvriers, a modifié son programme pour insister davantage sur les questions ouvrières. La *Société philomathique de Bordeaux* et l'*Association des employés de commerce*, sans avoir de cours réguliers d'économie politique, traitent souvent de matières économiques dans les conférences qu'elles font durant l'hiver.

A *Nantes*, le professeur de philosophie du lycée fait, depuis quelques années, des conférences d'économie politique pendant les soirées d'hiver.

A *Marseille*, la municipalité a créé, dès l'année 1867, un cours d'*économie politique* qu'a professé, jusqu'en 1891, M. A. JOURDAN, doyen de la Faculté d'Aix. M. FÉLIX MOREAU, professeur à la Faculté d'Aix, l'a remplacé et a consacré son premier cours, en 1892, à l'étude des assurances ouvrières.

Pendant plusieurs années, M. DEQUAIRE-GROBEL, agrégé de l'Université, a fait à Aix, sous les auspices de l'*Association polytechnique*, un cours libre d'*économie sociale*; mais ce cours n'est plus professé aujourd'hui.

A *Dijon*, la *Société des amis de l'Université* a fondé, en 1892, un cours public et gratuit d'*économie politique* qu'elle a confié à M. MONGIN, professeur d'économie politique à la Faculté de droit, et qui est suivi surtout par des jeunes gens se destinant aux carrières commerciales, un cours de *géographie commerciale*, un cours de *législation commerciale pratique* et un cours de *législation et économie rurales*.

La *Chambre de commerce de Besançon* a fondé, en 1892, un cours d'*économie politique* destiné aussi aux jeunes gens du commerce que M. LOUVRIER, avocat, doit inaugurer prochainement.

---

(1) M. Lescarret a publié sous le titre de : *Simples notions d'économie politique*, deux petits volumes qui résument à peu près le programme de son enseignement.

M. Gide, professeur d'économie politique à la Faculté de droit de *Montpellier*, est chargé par la municipalité de faire un cours pour les ouvriers pendant l'hiver 1892-1893 ; il se propose de traiter de la *question sociale*.

A *Lille*, M. Deschamps, professeur d'économie politique à la Faculté de droit, est chargé, depuis janvier 1892, d'un cours public municipal d'*économie politique*. Il a traité l'année dernière, et il se propose de traiter encore cette année de la question ouvrière.

Enseignement secondaire.

Quelques notions d'économie politique avaient été introduites dans le programme de philosophie en 1872, sous le ministère de M. J. Simon. Les nouveaux programmes de l'enseignement secondaire classique dans les lycées et collèges, promulgués par arrêtés du 28 janvier et du 12 août 1890 portent à la fin de la partie consacrée à la morale dans le programme de philosophie : « Des rapports de la morale et de l'économie politique, le travail, le capital, la propriété. » Ce texte est bien moins explicite que celui de 1872 qui prescrivait expressément de donner aux élèves des « notions d'économie polique » et énumérait les principales matières de la science économique. Il est probable que les professeurs, qui n'ont pas reçu eux-mêmes un enseignement de l'économie politique lorsqu'ils étaient élèves de l'École normale supérieure ou étudiants dans les Facultés des lettres, et qui n'ont pas eu à subir une épreuve spéciale sur cette matière à l'agrégation, donnent peu de développements à cette partie de leur cours dont le programme a été ainsi restreint (1). Le programme de 1872 les invitait à parler d'économie politique ; celui de 1890 leur permet de se borner à indiquer, comme appendice à la morale, les rapports qu'elle a avec le travail et le capital : ce qui est insuffisant. Néanmoins, la porte est entrebâillée : un professeur qui comprendrait l'intérêt qu'il y a, aujourd'hui plus encore que naguère, à donner à la jeunesse des lycées quelques idées justes et précises sur les lois de la richesse ne sortirait pas du cadre règlementaire en tentant l'entreprise.

L'enseignement moderne a remplacé l'enseignement secondaire spécial dans les établissements publics (lycées et collèges). Le programme de l'année 1882 plaçait en quatrième et en cinquième années un cours de *législation et d'économie politique* et attribuait à

_____

(1) Cependant un économiste me signalait dernièrement un professeur de philosophie du lycée Condorcet dont le cours révèle une connaissance solide de l'économie politique.

la cinquième les matières économiques, notions générales, production, répartition, circulation, consommation. Le programme de l'enseignement *secondaire moderne*, promulgué par arrêté du 15 juin 1891, place en première année pour la section des lettres et pour la section des sciences un cours de *principes du droit et économie politique*, auquel est attribué deux heures par semaine. Le programme indique avec détail chacune des matières que le professeur doit traiter (1).

---

(1) Voici ce programme :

ÉCONOMIE POLITIQUE

Introduction.

L'économie politique. — Son but. — Ses rapports avec les autres sciences et notamment avec le droit. — Division de l'économie politique : production, distribution, circulation et consommation des richesses.

Ire partie. — *Production de la richesse.*

Les éléments de la production :

1º *La terre et les agents naturels* ;

2º *Le travail et l'industrie* : organisation et liberté du travail, aperçu historique, les corporations, Turgot. — Classification des industries. Le commerce. — Le rôle de l'entrepreneur dans l'industrie.

3º *Le capital* : différentes espèces de capital. — Comment l'épargne le forme, l'accroît et le conserve.

IIe partie. — *Distribution de la richesse.*

I. *La propriété.* — La propriété individuelle ; exposé et réfutation des principaux systèmes qui la nient ; fondement de la succession *ab intestat* et du droit de tester.

II. *Les conventions.*

1º *Le fermage* : La rente du sol. — Différents systèmes de culture ; grande et petite culture ; inconvénient d'un trop grand morcellement ou d'une concentration excessive de la propriété.

2º *La part du capital dans la répartition de la richesse* : l'intérêt légitime du prêt à intérêt ;

3º *La part de l'entrepreneur* : le profit ;

4º *La part de l'ouvrier* : application de la loi de l'offre et de la demande au travail. — Salaire. — Participation aux bénéfices. — Associations ouvrières. — Syndicats ouvriers. — Le socialisme ; ses formes diverses ; réfutation.

La question de la population dans ses rapports avec la distribution de la richesse : la pauvreté et le paupérisme.

IIIe partie. — *Circulation de la richesse.*

I. *L'échange* : ses diverses formes. — La valeur et le prix. — Lois qui président à la fixation, aux variations et à l'équilibre des prix ; prix courant ; coût de production. — Concurrence. — Monopoles.

II. *La monnaie.* — En quel sens c'est une marchandise. — Monnaie d'or, d'argent et de billon. — Titre et tolérance. — Union latine. — Monométallisme et bimétallisme. — Système monétaire.

III. *Le crédit.* — Comment il supplée à la monnaie et est une source de

Le programme est bon. Nous regrettons cependant que le professeur soit obligé de partager entre le droit et l'économie politique les quarante leçons de l'année. A des élèves de la dernière année (première) de l'enseignement moderne ne serait-il pas utile de donner deux heures par semaine pour le droit usuel et deux heures pour l'économie politique? Cette science, qui est la philosophie de l'industrie, est le couronnement nécessaire de l'instruction de jeunes gens qui entreront probablement pour la plupart dans la carrière de l'industrie et du commerce. Nous craignons, en outre, qu'il n'y ait inconvénient à confier les deux enseignements au même maître; l'esprit juridique et l'esprit économique, avons-nous dit, sont différents; on peut posséder l'un sans l'autre, comme on peut avoir la connaissance du droit sans avoir celle de l'économie politique. L'administration confie souvent ce cours à un avocat; elle a raison pour l'enseignement du droit; mais l'examen que les aspirants à la licence en droit ont passé en seconde ou en première année n'est pas une garantie suffisante de leur capacité en économie politique. Il est regrettable que la garantie que donnait l'agrégation de l'enseignement secondaire spécial n'existe plus.

richesse. — Ses rapports avec l'épargne. — 1o Crédit privé : commerce de banque. — Différentes espèces de banque. — Circulation fiduciaire. — La banque de France. — Le crédit immobilier (sociétés de crédit foncier) et le crédit mobilier (monts-de-piété, avances sur titres, magasins généraux). — 2o Crédit public : sur quelles bases il repose; emprunts de l'État. — 3o Théorie des annuités et de l'amortissement (obligations des chemins de fer et du Crédit foncier; rente amortissable). Conversion des dettes publiques. — Cours légal et cours forcé. — La Bourse : son rôle au point de vue du crédit.

IV. *Le commerce intérieur et extérieur.* — Le change. — Les crises commerciales : leur causes et leurs remèdes. — Importation et exportation; les débouchés. — Balance du commerce : comment elle se règle par le numéraire ou par les fonds internationaux. — Libre-échange, protection et prohibition; traités de commerce; droits de douanes; entrepôts, ventes publiques.

IVe *partie.* — *Consommation de la richesse.*

1o *L'épargne.* — Ses sources, la prévoyance. — Assurances sur la vie, contre l'incendie et les divers accidents. — Caisses d'épargne. — Sociétés de secours mutuels.

2o *Le luxe.*

V^e *partie.* — *Application de l'économie politique à la législation financière.*

1o *Impôt.* — Différentes espèces d'impôts. — L'impôt proportionnel et l'impôt progressif.

2o *Budget.* — Comment un budget s'établit. — Vote du budget. — Annalité et spécialité du budget,

Nous regrettons aussi que l'économie politique ne figure plus ni au programme du baccalauréat comme elle figurait dans celui de l'enseignement secondaire sp ial, ni dans les compositions du concours général dont elle a été éliminée en 1892. C'étaient deux stimulants utiles pour les élèves. Néanmoins nous sommes convaincu qu'un professeur, s'il est instruit et zélé, trouvera pour cette faculté, comme pour les autres, des élèves prêts à l'écouter et à profiter de ses leçons (1).

En 1892-1893, des cours de législation usuelle et d'économie politique sont professés au lycée Janson de Sailly (2), au lycée Charlemagne, au lycée Buffon, au lycée Lakanal, au lycée Hoche (Versailles), au collège Rollin et dans la plupart des grands lycées et collèges des départements.

ENSEIGNEMENT PRIMAIRE.

La loi du 30 octobre 1886 a définitivement classé au nombre des établissements d'enseignement primaire les écoles primaires supérieures et les classes d'enseignement primaire supérieur annexées aux écoles élémentaires et dites « cours complémentaires ». Le règlement du 18 janvier 1888 en a fixé les programmes et, parmi les matières de l'enseignement dans les *écoles supérieures*, a placé, à côté de l'instruction civique et du droit usuel, des *notions d'économie politique* (3).

Les cinq *écoles municipales de la Ville de Paris* pour garçons, Turgot, Lavoisier, Arago, Colbert, J.-B. Say, avaient déjà, antérieurement à l'année 1882, un cours d'*économie politique* ; M. GEORGES RENAUD, professeur à l'*Ecole Turgot* depuis 1880, fait ce cours aux élèves des deux divisions de troisième année, à raison d'une leçon par semaine. Il traite successivement des généralités, des produits et

---

(1) M. Garreau, professeur au lycée Janson de Sailly, nous écrit que : « les élèves apportent un réel intérêt à l'étude des principes de la science économique. Quoique fort occupés à des travaux nombreux et de nature diverse que réclame la préparation de leurs examens, ils demandent fréquemment au professeur de leur indiquer des sujets d'étude sur lesquels ils font des rédactions qui dénotent une certaine maturité d'esprit et un goût marqué pour l'économie politique ».

(2) Au lycée Janson de Sailly, le professeur est M. GARREAU.

(3) Voici cette partie du programme : *Notions sommaires* d'économie politique. — Production de la richesse. — Des agents de la production, la matière, le travail, l'épargne, le capital, la propriété. — Circulation et distribution des richesses. — L'échange, la monnaie, le crédit, le salaire et l'intérêt. — Consommation de la richesse. Consommation productive et improductive, la question du luxe, dépenses de l'Etat, l'impôt, le budget.

services de l'homme et du travail, du capital, de la rémunération du travail, de l'intérêt, de la division et de l'organisation du travail, des crises, de l'assurance, des sociétés de secours mutuels, des sociétés coopératives, du droit de propriété, de l'association et des doctrines socialistes, du commerce, de la monnaie, de l'impôt, etc. M. ERNEST LESIOUR, professeur d'économie politique à l'*Ecole Lavoisier* (depuis 1874) et à l'*Ecole Arago* (depuis 1881), fait aussi, à raison d'une heure par semaine (soit environ 40 leçons par an dont il y a à retrancher les jours de composition), le cours normal aux élèves de troisième année. A l'Ecole Arago, l'économie politique était enseignée dans le principe aux élèves de seconde année; le directeur, M. Bainier, ajouta en 1883, un cours complémentaire pour les élèves de troisième année, puis, de 1884 à 1887, de plus amples développements pour les élèves de quatrième année ; cet enseignement fut restreint en 1890 à la troisième année; mais, en 1891, la quatrième année a été rétablie à l'École Arago et l'enseignement de l'économie politique y a retrouvé sa place (1). S'il est vrai que l'économie politique soit la philosophie de l'industrie, il est peu de catégories de jeunes gens dans l'esprit desquels il soit plus utile d'en inculquer de bonne heure les principes que les élèves des écoles municipales de Paris, presque tous destinés à vivre dans les ateliers et dans les magasins et très exposés à se laisser entraîner à des illusions, par des doctrines chimériques. Aussi pensons-nous qu'il est bon de ne pas mêler en troisième année au cours d'économie politique des matières étrangères qui prendraient une partie du temps du professeur et détournerait l'attention des élèves, qu'il faut même, s'il est possible, for-

---

(1) Voici la manière dont M. Lesiour partage les matières entre les deux cours :

COURS NORMAL.
3e année.

Notions élémentaires. — Objet de l'économie politique. — Les grandes divisions: Production, répartition, circulation, consommation.—Propriété. —Capital. — Loi de l'offre et de la demande. — Monnaie. — Crédit. — Machines. — Concurrence. — Monopoles. — Impôts. — Assurances.

4e année.

Rapports de l'économie politique avec les autres sciences morales. — La liberté du travail et les corporations. — Les Physiocrates : Quesnay. — Adam Smith. — Classification des industries. — Grande et petite propriété. — Grande et petite culture. — Commerce. — Banques. — Principaux établissements de crédit. — Protection et libre-échange. — Balance du commerce. — Rente foncière ; théorie de Ricardo. — Dette publique. — Emprunts. — Amortissements et conversion. — Exposé des principales doctrines socialistes.

L.   4

tifier cet enseignement par des connaissances complémentaires en quatrième année. Les élèves sont capables de comprendre des leçons d'économie politique quand elles sont faites avec clarté, et de s'y intéresser.

Le cours d'*économie politique* est professé à l'*École Colbert*, par M. MOUTHLLOT (économie politique), à l'*École J.-Baptiste Say* par MM. CH. RENAULT et MESPOULET (économie politique et législation usuelle).

Le *Collège Chaptal*, quoique ayant un caractère spécial, est classé par l'administration dans la catégorie des établissements d'enseignement primaire supérieur. A ce titre, il est, comme les écoles dont nous venons de parler, un établissement municipal. L'enseignement de l'économie politique y date de l'année 1863; il a été donné par MM. BAUDRILLART et J. GARNIER, puis par M. FRÉDÉRIC PASSY. Le cours que ce dernier faisait pendant le semestre d'hiver et qui comprenait une vingtaine de leçons (ce cours a été fait séparément, de 1883 à 1888, aux trois divisions du cours supérieur) a été supprimé à partir du 1er janvier 1889 parce que cet article a été retranché du budget de la ville. L'économie politique a été rattachée par suite au cours désigné depuis cette date sous le titre de « *Economie politique et législation commerciale et industrielle* », dont est chargé M. LETORT; mais le professeur, malgré sa compétence, ne peut, faute de temps, donner que des notions très insuffisantes d'économie politique, la plus grande partie du temps limité dont il dispose étant absorbée par la législation.

A l'*École commerciale de l'avenue Trudaine*, qui appartient à la Chambre de commerce et dont l'enseignement ressemble à celui des écoles municipales, le professeur d'*économie politique* est M. LETORT.

La loi du 30 octobre 1886 ayant inscrit les notions d'économie politique dans le programme de l'enseignement primaire supérieur (1), il semblait nécessaire de donner ces notions aux élèves instituteurs dans les écoles normales primaires. Le directeur de l'enseignement primaire, M. Buisson, demanda à M. E. LEVASSEUR de faire, à titre d'essai, en 1886, quelques conférences aux élèves de l'*École normale supérieure d'enseignement primaire* de St-Cloud; l'année suivante, M. EMILE CHEVALLIER a été nommé maître de conférences et il a continué, depuis 1887, à donner cet enseignement; il fait chaque an-

(1) La loi du 23 mars 1882 avait inscrit « quelques notions de droit et d'économie politique » parmi les matières de l'enseignement primaire sans distinction de primaire élémentaire ou de primaire supérieur.

née vingt conférences d'*économie politique* qui durent chacune une heure et demie (1).

Quoique l'économie politique ne figure pas dans le programme des écoles normales primaires (voir l'arrêté du 10 janvier 1889), il y en a quelques-unes où cet enseignement est donné par des professeurs spéciaux, notamment à l'*Ecole normale primaire de Versailles* par M. FRÉDÉRIC PASSY et à *l'Ecole normale primaire de Toulouse.*

L'enseignement de l'économie politique n'existe pour ainsi dire pas dans la plupart des écoles primaires supérieures ; les maîtres n'y sont pas préparés. Il y a pourtant des exceptions. Je citerai, entre autres, l'*institution* de *M. Bertrand* à Versailles où M. FRÉDÉRIC PASSY fait un cours, les écoles de quelques villes comme *Boulogne-sur-mer, Aire-sur-l'Adour, Nîmes,* les cours d'enseignement moderne de l'*Ecole professionnelle de l'Est* fondée par actions à *Nancy* et l'Ecole de *La Martinière à Lyon.* C'est la Société d'économie politique de Lyon qui a fondé et qui entretient à ses frais le cours d'économie politique de La Martinière. Ce cours, qu'a professé de 1877 à 1882 M. ROUGIER et dont est chargé depuis neuf ans M. BLETON (2), membre de la Société d'économie politique, s'adresse aux élèves de troisième année, âgés de seize à dix-sept ans et comprend environ trente-trois leçons ; il porte principalement sur la formation des richesses, le rôle respectif du travail et du capital, les lois qui président à la répartition entre ces deux facteurs, les consommations publiques. M. Bleton a appris, par la longue expérience qu'il a de son jeune auditoire, combien il est difficile de faire comprendre les démonstrations économiques, de les fixer solidement dans l'intelligence de jeunes gens qui n'ont pas d'autre préparation littéraire que celle de l'école primaire. Aussi donne-t-il à dessein un enseignement très élémentaire ; cependant, à la fin de chaque année, une douzaine d'élèves sont en état de se présenter devant un jury d'examen et répondent d'une manière à peu près satisfaisante.

A Lyon, je citerai aussi l'*Ecole La Salle* dirigée par les frères où le supérieur a entrepris, sur la demande de membres de l'Union de la paix sociale, et fait depuis cinq ou six ans, un cours d'économie politique.

(1) A la fin de chaque cours, le professeur répond aux questions qui lui sont publiquement adressées par les élèves ; il considère ce genre d'interrogation comme étant généralement fructueux.

(2) M. Bleton a publié un *Manuel élémentaire* qui est à peu près le résumé de son cours.

RÉSUMÉ ET CONCLUSION.

Un savant historien de l'économie politique, M. Luigi Cossa, professeur à l'Université de Pavie dit que, quoiqu'il y ait eu au XIXᵉ siècle
et qu'il y ait encore en France des économistes dignes d'une grande
considération, l'économie politique y est peu populaire. Il regrette
surtout que la science pure y soit négligée et se trouve dans une situation inférieure relativement au rang élevé qu'elle a conservé en Angleterre et aux progrès qu'elle a faits en Allemagne et qu'elle fait en Autriche, en Italie et aux États-Unis (1). Il attribue cette infériorité tout
d'abord à l'insuffisance de l'enseignement. L'économie politique,
dit-il, n'a de chaires que dans quelques écoles professionnelles,
comme le Conservatoire des arts et métiers (2), l'Ecole des
Ponts et Chaussées, l'Ecole des hautes études commerciales,
l'Ecole libre des sciences politiques ; elle en a au Collège de
France, qui, ne conférant pas de grades à des étudiants, n'a pas
un auditoire régulier et constant. Elle est enseignée d'une manière
plus efficace dans les Facultés de droit où elle est obligatoire et où
elle a fourni aux professeurs l'occasion de composer des traités ou des
manuels d'économie politique. M. Cossa pense que l'influence et le
développement de l'économie politique sont contrariés d'une part, par
le protectionnisme qui s'appuie sur de puissants intérêts dans la bourgeoisie et qui a ses publicistes, d'autre part, par le socialisme qui a
l'oreille du peuple ; il ajoute qu'elle-même limite trop le champ de

---

(1)   L'ECONOMIA POLITICA IN FRANCIA.

Benchè la Francia possa, anche in questo secolo, gloriarsi d'avere avuto
nel Sismondi, nel Cournot, nel Dupuit, nel Dunoyer, nel Bastiat, nel Chevalier, nel Cherbuliez, nel Le Play, illustri rappresentanti di tutti gli, in-
dirizzi teoricopratici dell' economia politica, e quantunque abbia ancora
nel Courcelle-Seneuil, nel De Parieu, nel Block, nel Baudrillart, nel Levasseur, in Leon Say, nel Leroy-Beaulieu, nel Molinari, in Frederico Passy,
nel Foville, nel Jide, nel Périn e nel Brants, nel Cheysson e nel Jannet,
degli economisti degni, per più rispetti, di, molta considerazione, non si
può tuttavia negare che l'economia politica, la quale, in Francia fu sempre
impopolare, e considerata tutt'al più come una « litterature ennuyeuse » e da
molto tempo scaduta nell'estimazione dei dotti, specialmente per la parte
riguardante la scienza pura, o trovasi in condizioni poco liete, di fronte
alla posizione elevata ch'essa conserva in Inghilterra ed anche di fronte
ai progressi, che ha fatti in Germania, e che facendo in Austria, in Italia e
negli Stati Uniti.

(2) Le Conservatoire des arts et métiers n'est pas à proprement parler
une école professionnelle.

son action en se renfermant dans l'individualisme extrême et dans l'optimisme.

La classification des économistes français et la critique de l'enseignement faites par M. Cossa (1) ne doivent pas être acceptées sans réserves. L'auteur appartient, comme tout économiste, à une école et il a ses préférences. Néanmoins, comme il est toujours difficile à un homme de se juger lui-même et à une nation de se mesurer à son véritable niveau relativement aux autres nations, l'appréciation d'un économiste éclairé et en général bienveillant est intéressante à consulter.

Les moyens d'enseignement ne font pas autant défaut que semble le supposer M. Cossa. Il a cependant raison de dire qu'ils sont insuffisants.

Dans l'enseignement primaire, les lois de 1882 et de 1886 ont introduit des « Notions d'économie politique » ; nous avons dit combien il nous paraissait difficile, excepté dans quelques cas spéciaux et avec des instituteurs d'un mérite particulier, de faire passer cette innovation dans la pratique. La loi de 1886 a fait sagement de réserver exclusivement ces notions pour l'école primaire supérieure ; c'est là qu'elles y sont bien à leur place et qu'il serait désirable d'en enseigner les principes fondamentaux. La ville de Paris a donné depuis longtemps l'exemple dans ses écoles municipales. Cet exemple devrait être suivi, sinon dans tous les cours complémentaires où il serait difficile de trouver des maîtres, du moins dans toutes les écoles primaires supérieures de garçons et dans les écoles industrielles qui peuvent être assimilées à des écoles primaires. Ce serait rendre service à la société que de donner aux jeunes gens qui fréquentent ces établissements quelques notions sommaires, véritablement scientifiques, sur la production de la richesse, la valeur et sur les rapports du capital et du travail. La difficulté, quoique moindre dans des établissements où divers professeurs enseignent que dans les cours complémentaires où, le plus souvent, le même instituteur doit suffire à toute la tâche, est de trouver qui enseigne. Il ne suffit pas en effet que le maître fasse, comme il arrive parfois pour d'autres enseignements, réciter un manuel aux élèves où qu'il le récite lui-

(1) M. Cossa groupe les économistes français en : 1° École classique, dans aquelle il range Rossi, Michel Chevalier, Cherbuliez, Joseph Garnier, Courcelle-Seneuil et M. Block; 2° en optimistes en matière sociale, dans laquelle il range Ch. Dunoyer, Bastiat, Molinari, Leroy-Beaulieu, Baudrillard, Levasseur, Frédéric Passy ; 3° en écoles dissidentes, Sismondi, Cournot, Aug. Comte, Le Play, Périn, Dupuis, Walras, Littré, Cheysson, Juglar, E. de Laveleye, Gide.

même sous forme de leçon. Il faut qu'il comprenne et qu'il se fasse comprendre. Or il n'est pas aisé de faire comprendre les lois économiques à des adolescents et il n'est pas aisé à des maîtres qui n'y ont été nulle part préparés de les comprendre eux-mêmes. L'école normale primaire supérieure de St-Cloud est le seul lieu où quelques-uns d'entre eux fassent cet apprentissage.

Dans l'enseignement secondaire spécial tel qu'il avait été organisé au début, le cours d'économie rurale, industrielle et commerciale avait été placé en quatrième année, comme couronnement des études. Les élèves de quatrième année avaient seize ou dix-sept ans et, quoique la plupart des élèves n'attendissent pas jusque-là pour entrer dans l'industrie, il y avait une certaine minorité (trop peu d'élèves, disions-nous, en 1882) qui profitait de cet enseignement. Le programme en 1882, en reportant ce cours en cinquième année avait dû probablement réduire cette minorité. La substitution en 1891 de l'enseignement moderne à l'enseignement spécial a reculé plus encore l'époque à laquelle les jeunes gens apprendront l'économie politique. On peut dire, en faveur de ce changement, que les élèves, étant plus âgés, auront l'esprit plus développé. Mais, d'autre part, on peut objecter qu'ils n'appartiendront pas précisément à la même catégorie sociale : l'enseignement secondaire spécial, qui semblait à quelques égards se confondre avec l'enseignement primaire supérieur, s'adressait à la masse des jeunes gens qui n'ont ni le dessein ni le temps de faire des études libérales parce qu'ils ont hâte de gagner leur vie ; il aurait dû pour cette raison, avoir beaucoup plus d'élèves qu'il n'en a jamais eu. L'enseignement moderne, dont les classes sont parallèles à celles de l'enseignement classique, s'adresse à des jeunes gens qui ont le loisir de prolonger pendant dix ans leurs études. Ceux qui quitteront le lycée avant la fin des cours et ceux qui, n'osant pas l'aborder, se dirigeront vers les écoles primaires supérieures ne posséderont pas de notions économiques ou n'en posséderont que d'insuffisantes.

D'ailleurs, l'agrégation de l'enseignement spécial ayant été supprimée, le ministre de l'instruction publique n'a plus de garantie de la capacité économique des professeurs qu'il nomme et les inspecteurs de l'Université, tout en jugeant bien de la tenue de la classe et des qualités d'exposition du professeur, ont eux-mêmes en général peu de compétence pour apprécier la solidité des connaissances économiques.

Nous persistons dans le sentiment que nous avons exprimé il y a vingt-quatre ans, quand nous commencions à l'École normale supérieure un cours facultatif et gratuit d'économie politique que nous avons continué pendant quelques années ; nous croyons qu'il serait utile que les élèves de cette école qui se destinent à l'enseignement de la philosophie ou de l'histoire eussent quelques notions fondamentales d'économie politique ; les philosophes pourraient ainsi donner plus tard à leur tour quelque idée de ces notions dans leur classe et les historiens seraient mieux en état de comprendre une partie importante de l'histoire, surtout de l'histoire moderne.

Les cours populaires et les conférences répandent dans le public des notions économiques ; les cours sont plus efficaces que les conférences. Quelques efforts qui aient été faits sur certains points, il reste encore beaucoup à tenter de ce côté. Il ne faut pas que la bonne volonté des maîtres qui se dévouent presque tous gratuitement à l'œuvre de vulgarisation se décourage, parce qu'ils voient ou qu'ils entendent dire que les cours d'économie politique sont suivis par moins d'auditeurs en moyenne que certains autres cours ; les idées justes qu'ils parviennent à fixer dans quelques esprits se propagent ensuite par la conversation dans les familles et dans les ateliers. Quand des idées fausses promettant le bonheur aux misérables et excitant les envieux contre la richesse ont tant d'attrait, on ne doit négliger aucun moyen de leur opposer le contre-poids d'idées justes. Le Conservatoire des arts et métiers prouve qu'il n'est pas impossible de faire écouter le langage de la science à un auditoire populaire.

C'est dans l'enseignement supérieur des écoles de commerce et dans l'enseignement supérieur que l'économie politique est le plus solidement établie. Elle a sa place et nulle part cette place n'est plus légitime que dans les écoles de commerce et dans les écoles d'agriculture, dans quelques grandes écoles d'application sur la liste desquelles il est regrettable de ne pas trouver l'École centrale des Arts et Manufactures; elle a sa place dans les Faculté de droit où elle fait partie des matières de l'examen, mais où elle n'a pas gagné au transfert de cet examen de seconde en première année ; il est vrai que le dommage qu'elle a subi pourrait être réparé par l'introduction plus large en troisième année de cours « à option » portant sur certaines matières économiques. Elle a aussi sa place à l'Ecole des hautes Etudes commerciales et à l'Ecole libre des sciences politiques où elle est nécessaire pour l'obtention des diplômes. Elle est restée au Conservatoire des Arts et Métiers, au Collège de France, dans les positions qu'elle occupait depuis longtemps déjà en 1882.

La statistique a aussi conservé dans ces deux grands établissements la place qu'elle avait en 1882. Elle en a acquis une tout récemment à la Faculté de droit de Paris. La statistique n'aspire pas à posséder un domaine aussi étendu que l'économie politique, mais elle est en droit de se plaindre que nulle part les employés qui en sont chargés dans les départements ou dans les ministères ne reçoivent d'instruction sur la théorie de la statistique, sur la conduite des enquêtes et la confection des tableaux. Une telle instruction leur est nécessaire; car si la statistique est indispensable autant pour la bonne administration du pays que pour l'étude des sciences sociales, il importe d'avoir de bonnes statistiques et on ne peut en faire qu'avec des employés préparés à comprendre leur tâche et à la remplir avec conscience et intelligence. Nous avons signalé cette situation fâcheuse en 1882 (1). Le Conseil supérieur de statistique a été saisi de la question en 1890 et a chargé une sous-commission de l'étudier; M. Cheysson a présenté au Conseil, à la séance du 9 juin 1890, un rapport dans lequel il concluait à l'insuffisance de l'enseignement de la statistique pour les besoins du recrutement des services publics et à la création de cours que la Société de statistique de Paris organiserait avec le concours de l'État et à l'introduction de notions de statistique dans l'examen des candidats à la place de rédacteur dans un ministère (2). « Le Conseil a émis un vœu portant qu'il « est désirable d'organiser un enseignement public des méthodes de statistique » et « qu'à défaut de l'enseignement de l'État, la Société de statistique de Paris pourrait être priée de s'en charger moyennant le concours de l'État ». Ce vœu n'a été suivi d'aucun effet.

Il y a dix ans, nous écrivions dans le *Résumé historique de l'enseignement de l'économie politique et de la statistique en France jusqu'en 1882*: « L'économie politique doit se féliciter des grands progrès qu'elle a faits depuis vingt-deux ans dans l'enseignement ». Nous n'en dirons pas autant aujourd'hui. L'économie politique est à peu près en 1892 dans les position qu'elle occupait en 1882. On lui a assigné sa vraie place dans l'enseignement primaire, mais on ne lui a pas fourni les moyens de l'occuper; on a plutôt réduit qu'étendu sa place dans l'enseignement secondaire; on l'a, sur quelques points, un peu augmentée et sur d'autres on l'a consolidée dans l'enseignement supérieur. Mais, en somme, elle n'a gagné ni dans l'enseignement, ni dans l'opinion publique. Si

(1) *Résumé historique*, 1832.
(2) J'aurais mieux aimé qu'on demandât des notions de statistique et d'économie politique comme matière facultative aux rédacteurs qui se seraient ainsi désignés comme étant aptes aux services relatifs à la statistique.

je n'accepte pas sans restriction la place que M. L. Cossa m'assigne dans la catégorie des « économistes optimistes », j'avoue que j'étais optimiste lorsque j'ai écrit en 1882 :

« On reconnaîtra dans une dizaine d'années les services que rend l'enseignement de l'économie politique. Sans doute l'économie politique n'éteindra pas les passions et ne préviendra pas le choc des intérêts et les révoltes de l'ambition ou de l'envie : aucune science n'a la puissance de faire que les hommes soient des anges. Mais elle éclairera la génération qui aura reçu ses leçons sur les conditions nécessaires de la production, sur les lois naturelles de la répartition, sur les intérêts de la société, et elle contribuera à la rendre moins facilement accessible aux séductions de prétendus réformateurs de l'ordre social, plus ferme sur les principes dont elle aura l'intelligence et plus éclairée sur la direction à donner à ses intérêts et à ses institutions économiques ».

Les dix années sont écoulées. Or, les passions ne sont pas moins violentes, les intérêts ne sont pas moins âpres et la jeune génération ne paraît ni plus éclairée, ni plus ferme sur les principes que la génération précédente. L'économie politique n'est pas en faveur; les aspirations des masses à une réorganisation de l'ordre social et les prétentions des agriculteurs et des industriels à user de la douane comme d'un instrument de protection pour leurs produits lui sont contraires; elle n'est populaire ni auprès de la partie du peuple qui désire jouir sans travailler, ni auprès de la partie de la bourgeoisie qui veut gagner plus qu'elle ne produit. Les idées d'intervention de l'État dans la répartition de la richesse et de l'extension des services publics gagnent du terrain, parce qu'elles plaisent dans une démocratie à ceux qui gouvernent comme elles flattent ceux qui sont gouvernés. L'économie politique n'est pas goûtée même de beaucoup de savants qui l'entendant contester (ce qui n'a pas lieu pour les sciences physiques ou mathématiques), la déclarent contestable sans prendre la peine de l'étudier et, la voyant mêlée aux débats des intérêts mondains, la considèrent comme étant simplement l'opinion d'un parti dont il est prudent de se défier.

L'économie politique n'en est pas moins une science, science dont l'objet est l'étude de la richesse. Quelle que soit la variété des tendances personnelles de ses maîtres sur certains points, elle est la science des phénomènes et des lois économiques, science désintéressée, fondée sur une base d'observations large et solide, possédant un certain nombre de principes fondamentaux qui sont bien établis, procédant par enchaînement de démonstrations. Il n'est pas possible ou du moins il n'est pas raisonnable que les politiques et les philosophes se passent de cette science pour agir ou pour écrire à la fin du xixe siècle. Il vaut donc mieux la connaître que l'ignorer ; pour cela, il faut l'enseigner et la bien enseigner.

Ce serait une illusion de croire que, si la doctrine de l'économie politique est vraie, la vérité triomphera avec le temps par sa seule force. Les hommes et les sociétés se gouvernent non par la vérité, mais par l'opinion, et l'opinion se forme par la tradition, par l'intérêt, par la propagande. Pourquoi voit-on les nations professer des cultes différents avec la même foi et quelquefois avec un fanatisme exclusif, quoiqu'il n'y ait pas deux vérités de l' « au-delà » ? C'est que, depuis sa naissance jusqu'à sa mort, l'homme, dans la société dont il est membre, est tout imprégné par l'éducation, par la conversation, par les actes de sa vie, des grandes idées qui alimentent en lui le sentiment religieux et lui donnent une forme particulière et précise. La lumière sous le boisseau n'éclaire pas ; il importe de la placer haut et bien en vue, et de la porter de tous les côtés sous les yeux de ceux qui ont besoin de la voir. Le journal propage peut-être sur les matières économiques plus d'idées fausses que d'idées justes ; comment les journalistes feraient-ils autrement s'ils n'ont pas appris lorsqu'ils étaient sur les bancs et s'ils veulent plaire à une clientèle qui aime mieux les articles mordants et les paradoxes que le terre-à-terre de la raison ? La conversation est loin de réparer le mal fait par la presse quotidienne ; j'ai remarqué que, souvent dans les salons même et les réunions bourgeoises, on n'affirmait — ce qui ne veut pas dire qu'on démontrât — des vérités économiques que lorsqu'elles servaient à appuyer un intérêt personnel. C'est que ces vérités ne font pas partie du fonds de connaissance, que l'enseignement donne à la jeunesse. Il y a là une lacune dans l'éducation. Malgré les améliorations que nous avons signalées, peut-on dire qu'on ait fait durant les dix dernières années tout ce qui était utile pour la combler ?

On ne devient capable de comprendre la science économique et d'en démontrer solidement les lois qu'après avoir embrassé par une étude approfondie l'ensemble de cette science. Parmi ces lois, les unes sont fondamentales et définitives; d'autres sont encore controversées par les économistes, plusieurs peuvent se modifier sous l'influence des changements qui se produisent dans le monde économique. Être économiste est une chose; être en état de traiter telle question particulière d'économie politique, comme journaliste ou comme conférencier, est autre chose ; autre chose aussi est disserter d'économie sociale, c'est-à-dire de la condition des personnes vivant en société et des relations qui s'établissent entre elles par suite du travail et de la solidarité. Un contre-maître d'usine de pro-

duits chimiques peut diriger très convenablement une fabrication
d'acide sulfurique ; il n'est pas nécessairement pour cela chimiste
dans le sens large du mot. Mais, d'une part, s'il est chimiste, il n'en
comprendra et n'en dirigera que mieux la fabrication ; d'autre part,
s'il ne sait pas un mot de chimie, il s'expose à commettre des bé-
vues. La comparaison peut s'appliquer à tous ceux qui, par la plume
ou la parole, exposent des questions économiques et sociales.

Entre l'économie politique pure et l'économie politique appliquée,
c'est-à-dire entre la théorie et la pratique, il y a une distinction
qu'il importe de maintenir ; il est toutefois bien difficile de marquer
avec précision la limite et de ne jamais la franchir. Un professeur
d'économie politique ne doit d'ailleurs pas craindre d'aborder les
questions d'économie sociale : elles sont de son ressort, comme
toutes les questions d'application en matière économique ; elles
ont trop d'importance en elles-mêmes pour qu'il les omette et trop
d'attrait d'actualité pour qu'il néglige ce moyen d'intéresser son
auditoire en l'instruisant. Il ne doit pas laisser s'accréditer cette
opinion erronée que l'économie politique est une doctrine égoïste,
faite à plaisir pour les riches parce qu'elle a pour objet la richesse,
tandis que le socialisme, qui, sous les formes diverses et souvent
contradictoires qu'il a revêtues, serait une doctrine généreuse parce
qu'il affiche la prétention de supprimer la misère. L'économiste
peut se trouver d'accord avec les socialistes sur telle solution particulière à proposer ; mais, qu'il s'accorde ou non avec eux sur tel ré-
sultat, il a, en tout cas, sur eux l'avantage d'appuyer ses démonstrations sur la connaissance des véritables lois de la richesse.

Les principes de l'économie politique résultant de l'analyse de
phénomènes de production, de circulation et de consommation dont
l'essence ne change pas, sont nécessairement plus fixes que les
modes d'organisation du travail et que les combinaisons d'économie
sociale qui sont subordonnées à l'état de civilisation des peuples
et aux circonstances de la politique. Le rôle de l'État, que l'économiste doit apprécier et mesurer, change aussi suivant les temps et
les conditions sociales. Des économistes peuvent différer d'opinion sur
ce dernier point sans cesser d'être économistes ; nous sommes de ceux
qui pensent que l'État n'a pas à remplir seulement un rôle passif en
vue de la sécurité, mais qu'il lui convient de prendre dans des cas dé-
terminés un rôle actif pour aider à la conservation et au développement
des forces productives. Nous croyons même que des économistes qui
lui refuseraient absolument ce second rôle se mettraient en contra-
diction avec certaines tendances inéluctables des sociétés humaines
et compromettraient dans l'opinion publique l'économie politique

pure, qui est le fonds de la science, par leur manière de voir sur l'économie politique appliquée, laquelle est contingente.

Il y a des divergences de point de vue entre les professeurs même sur les principes de l'économie politique pure. Les unes proviennent de la nature même des sujets et n'ont rien qui altère la sérénité d'une science ; les autres ont pour cause une étude incomplète de la matière économique et sont regrettables, parce qu'elles sont de nature à porter le trouble dans l'esprit des élèves. Assurément le maître qui se bornerait aujourd'hui à répéter le traité ou le cours de J.-B. Say commettrait un anachronisme et serait au-dessous de sa tâche. Celui qui, exposant la théorie du salaire, prendrait seulement pour texte Ricardo, de quelque manière qu'il conclût, par une adhésion complète comme l'ont fait des économistes très distingués de la première moitié du siècle, par un blâme et un anathème, comme font aujourd'hui les socialistes, ne serait pas au courant de la science. Pour interpréter Ricardo, il convient de le considérer dans le temps où il a vécu, et, pour faire la théorie actuelle du salaire, il convient d'étudier les faits du temps présent. On sert mal la science économique lorsqu'on démolit, par désir d'originalité, des théories qu'il suffirait d'élargir, comme lorsqu'on reste confiné par paresse d'esprit dans des théories devenues trop étroites. Pour qu'un économiste fasse avancer la science, il faut d'abord qu'il ait conduit ses connaissances par la lecture ou la méditation jusqu'au point où ses devanciers l'ont amenée.

En disant que tout enseignement de l'économie politique doit reposer sur un fond solide et uniforme, celui des principes fondamentaux nous ne voulons pas dire que tout professeur d'économie politique doive adopter la même méthode d'exposition et la même mesure de développer et parcourir sur les mêmes traces le même champ de matières économiques. Il faut laisser carrière à l'originalité individuelle ; c'est la condition nécessaire d'un bon enseignement. Il faut aussi tenir compte du milieu et des circonstances; on ne démontre pas les principes de la même manière dans une école primaire supérieure et à l'école des Ponts et chaussées; on ne traite pas précisément les mêmes questions d'application dans une école commerciale et à l'École des mines ; on peut insister dans un cours du Collège de France sur des aperçus nouveaux et sur des points contestables de la science qu'il serait inopportun de développer dans le cours sommaire qui s'adresse aux élèves en droit de première année.

Un professeur doit être un économiste dans le plus large sens du mot, surtout un professeur de faculté. Quelle que soit la valeur personnelle des maîtres actuellement en exercice, il est regrettable qu'à aucun degré notre organisation pédagogique ne fournisse aujourd'hui au ministère de l'Instruction publique des garanties de leur compétence au moment où il les nomme. Dans aucun établissement public, *l'Ecole libre des sciences politiques*, qui seule possède et applique un programme varié et étendu sur les matières économiques, n'est pas un établissement public, l'enseignement de l'économie politique n'est assez complet, pour fournir aux aspirants les moyens de préparation ; dans aucun examen, l'économie politique n'a une importance suffisante pour offrir les garanties nécessaires. M. Chailley-Bert vient de faire ressortir cette insuffisance dans un article du *Journal des Économistes* (décembre 1892). Les agrégés de Faculté qui sont chargés de faire un cours d'économie politique s'élèveront peut-être au niveau de leur enseignement par une suite d'efforts personnels, si leur esprit se plie à un genre d'études qui est différent des études juridiques, mais ils n'y sont pas portés d'avance par la seule raison qu'ils ont suivi, durant leur première année d'études, un cours élémentaire.

Paris. — Typ. A. PARENT, A. DAVY, succ., imp. de la Faculté de médecine, .
52, q""" Madame et rue Corneille, 8

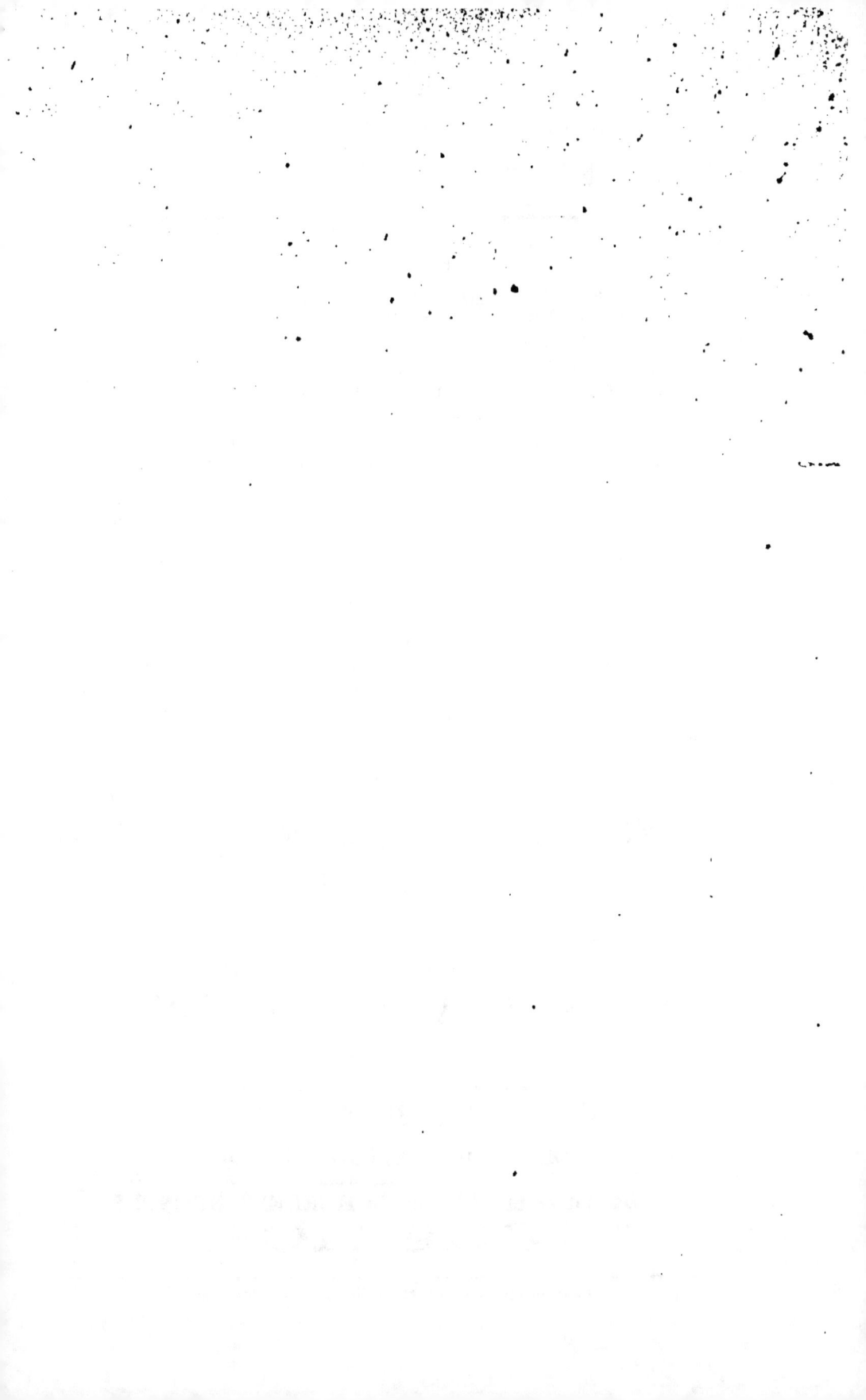

Paris. — Typ. A. DAVY, 52, rue Madame.— Téléphone. bureau G